LES ORIGINES

DE QUELQUES

COUTUMES ANCIENNES,

ET

DE PLUSIEURS FAÇONS

DE PARLER TRIVIALES.

A CAEN,

Chez JEAN CAVELIER, Imprimeur du Roy,
& de l'Université.

M. DC. LXXII.

A MONSEIGNEUR

LE DUC DE MONTAUSIER,

PAIR DE FRANCE,

ET GOUVERNEUR

DE MONSEIGNEUR

LE DAUPHIN.

ONSEIGNEVR,

Comme il est des zeles indiscrets en matiére de Religion, il est de mesme des respects impra-

ǎ ij

dens, en matiére de gratitude &
de civilités. Et si l'on fait souvent
un sacrilége en pensant faire un sa-
crifice ; aussi fait-on quelquefois une
rusticité en pensant faire des soû-
missions, & des hommages. C'est
ce que j'ay bien sujet de craindre,
qui ne m'arrive aujourd'huy, que je
vous présente une offrande si peu
proportionnée à la grandeur de vôtre
esprit, & de vôtre rang. Vous sçavés
neantmoins, MONSEIGNEVR,
que les mesmes Dieux qui deman-
doient des hecatombes, se conten-
toient quelquefois de lait, & de miel ;
& vous vous souviendrés, s'il vous
plaist, qu'on voit tous les jours des
vassaux rendre à leurs Seigneurs, leurs
hommages, en présentant de simples gâteaux, ou de simples fleurs.
J'avoüray pourtant, qu'à ne regarder
qu'en soy mon offrande, je suis cou-

pable, & *veniam pro laude peto*?
pourvû qu'on reconnoisse d'autre part,
qu'à regarder mon intention, je merite quelque loüange. Car mon but
est, de contribuer selon mon peu de
pouvoir, au divertissement d'une illustre personne, dont la vie est précieuse
au Roy, & à Monseigneur le Dauphin, précieuse par conséquent à toute
la France, & à toute l'Europe. Pour
cela si je n'employe que de petits
moyens, qu'importe, pourvû que je
parvienne à ma fin. Des coquilles
servirent autrefois à divertir Scipion;
& il ne faut que passer un trajet de
sept lieües de mer, pour voir de grands
Princes, vouloir bien qu'on leur donne le spectacle du combat, je ne diray
pas des Taureaux, des Lions, & des
Ours, mais de deux Coqs descendans
sur l'aréne. Aprés tout, MON-
SEIGNEVR, à quelque bas prix

qu'on mette ; & que je mette moy-
mesme ce Récueil ; en le faisant, je ne
fais rien que ce qu'ont fait les célé-
bres Fauchet & Pasquier ; celuy-là,
Président en la Cour des Monnoyes ;
celuy-cy, Avocat Général en la Chambre des Comptes de Paris ; ils ont comme moy, recherché des épingles roüil-
lées, & de petites Antiquités, & ils
n'ont pas crû que leurs Recherches
fussent sans quelque plaisir, & quelque utilité. Ie n'en demeureray toutefois pas là, MONSEIGNEVR,
& pour peu que Dieu me donne encore de vigueur & de quiétude, je
vous présenteray d'an en an, quelque
chose moins indigne de vous : car comme je ne veux vivre que pour vous
servir, & vous honorer, aussi ne
veux-je étudier que pour vous divertir. Ainsi je tâcheray toute ma
vie, de vous témoigner par mes

petits Ouvrages, de mesme que par ma fidelle obeissance, que je suis veritablement,

MONSEIGNEVR,

Vôtre tres-humble, & tres-obeissant serviteur,
DE BRIEUX.

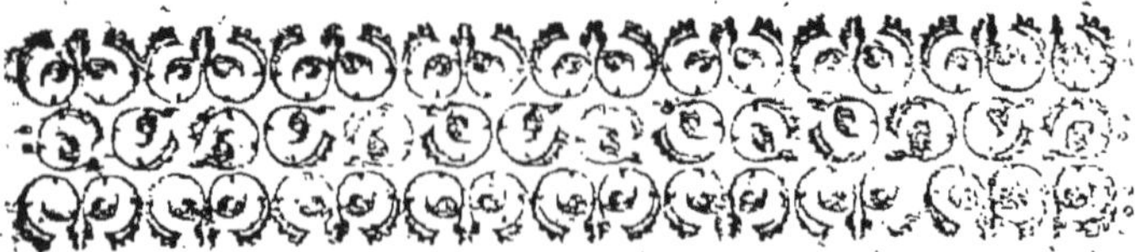

LES ORIGINES

DE PLUSIEURS COUTUMES

ANCIENNES.

ET DE DIVERSES FACONS

DE PARLER TRIVIALES.

Ietter le Gan.

ETTER le Gan, autrement, jetter le gage de bataille, c'est proposer le combat, & maintenir ce que l'on a dit véritable. Ce qui est pris d'une des solennités pratiquées lors que les affaires, soit civiles, soit criminelles, se vuidoient par les armes, & en champ clos. Les deux Champions ou combatans se présentoient devant les Juges, & là le demandeur ou l'accusateur faisoit sa demande, ou sa plainte, sur laquelle le défendeur, ou l'accusé niant le fait, l'autre luy donnoit un démenti, & jettoit son gan à terre, que l'accusé, ou quelqu'un de ses amis recueilloit aussi-tost, pour marque qu'il acceptoit le combat. Ensuite dequoy, se faisoient les autres choses qui

A

ſe voyent au long dans nos vieux Romans, &
dans nôtre vieux Coûtumier. L'on jettoit le
gan, plûtoſt que quoy que ce fuſt, parce qu'il
étoit ſans doute, plus en main, qu'il en eſt
meſme le ſymbole, & que l'on vouloit par
là ſignifier, que l'on étoit preſt de maintenir
& défendre ſon bon droit à main armée.
A propos de cela, je ne ſçais où l'Autheur
d'un petit Livre, qui a paru ſous le titre de,
Maximes & Intereſts des Rois & Etats Souve-
rains, a pris ce qu'il rapporte en ces termes.
"Pour conſerver les deux Royaumes d'Ecoſſe
"& d'Angleterre, ſans avoir égard à l'ambi-
"tion de ſe précéder l'un l'autre ; il fut ordonné,
"que le Roy Jacques s'appelleroit Roy de la
"Grand' Bretagne, dont le nom comprend les
"Etats des deux Couronnes, & les intereſts de
"la France, qui ſe ſignifient encor tous les ans
"par un Herault, le premier jour de Janvier,
"à l'entrée de l'Egliſe de S. Paul à Londres, en
"préſence du Roy, & de tous les Ambaſſadeurs,
"Princes & Milords d'Angleterre, ou il crie
"tout haut, Charles, par la grace de Dieu, Roy
"de la Grand' Bretagne, & de France....
"en jettant ſon gan dans la nef de l'Egliſe, que
"l'Ambaſſadeur de France va auſſi-toſt ramaſ-
"ſer, & dont il appelle, diſant, *Salvo jure, &*
"*ſine præjudicio Chriſtianiſſimi Gallorum Regis* il
"a ſoin auſſi d'envoyer ce gan en France, pour
"ſervir de gage de combat entre les deux Rois,
"& il prend un acte public de ſa proteſtation
"qu'on inſinuë enſuite, en la Chambre des

Comptes de Paris. I'ay demeuré trois ans en Angleterre, & j'ay esté aux Universités , & à la Cour, & cent fois à S. Paul, sans avoir jamais oüy parler de cette coûtume , qui peut avoir esté observée autrefois , mais qui est aujourd'huy abolie, & dont je n'ay rien lû ailleurs. Mais sur le sujet des combats singuliers , d'Aubigné raporte quelque chose d'assés plaisant dans son Baron de Feneste. C'est que le Prince de Condé, ayant sçû, que deux Valets de sa Garderobe, bons Soldats, & qu'il ne vouloit pas perdre , s'étoient fort querellés , il leur accorda le combat à cheval, les fit armer avec les hautes piéces, élire des parrains, & se confesser. Puis aprés, il leur fit tirer deux des meilleurs chevaux de ses écuries ; & quand ils furent sur le montoir, ne pouvans regarder qu'à la hauteur de leur visiére, les palefreniers les monterent sur deux mulets d'Auvergne , qui ne combatoient que du derriere, & les Chevaliers ayant fait leur pouvoir , furent accommodés.

***

Donner les Haguignétes.

Voicy ce que le sçavant M. de Grentemesnil m'en récrivit. A Roüen, ils disoient " en ma jeunesse, non pas Haguignétes, mais " Hoguignétes; & peut-estre a-t-on dit Hagui- "

A ij

"gnétes, pour éviter l'équivoque de la signi-
"fication obfcene, que les Picards donnent au
"mot de Hoguigner. Ce mot de Hoguinétes
"venoit de *Hoc in anno* : car c'eft un préfent
"que l'on demande au dernier jour de l'année,
"donnés-moy quelque chofe ; *Hoc in anno* ,
"encore une fois cette anné. Et j'ay oüy chan-
"ter aux portes des voifins par les filles du quar-
"tier, une chanfon pour de tels préfens , qui
"avoit pour refrein *Hocquinano*.
"   *Si vous veniés à la dépenfe,*
"*A la dépenfe de chez nous ,*
"*Vous mangeriés de bons choux,*
"*On vous ferviroit du roft*
"   *Hoquinano.*
"   Mais ce mot là étant Latin, & non entendu
"par le peuple, a efté diverfement prononcé.
"Vers Bayeux & les Vez, ils difent, donnés-
"moy mes Hoguignanés. Etant Avocat au Parlement de Roüen , j'ay oüy dire cét autre
couplet,

> *Donnés-moy mes Haguignétes*
> *Dans un panier que voicy,*
> *Je l'achetay Samedy*
> *D'un bon homme de dehors.*
> *Mais il eft encore à payer.*
>   *Haguinelo.*

Au refte, il ne faut pas confondre les Hoguinétes avec les étrenes, qu'ils appellent à Roüen
les érivieres: celles-là fe donnent le dernier, &
celles-cy le premier jour de l'an. Il y a cepen-
dant grande apparence que cét Aguinelo a

esté corrompu de ce qu'on dit ailleurs Agui-
lanleu, pour, au guy l'an neuf. *Ad Viscum
anno novo.* Paul Merule en sa Cosmographie,
sunt qui illud, au guy l'an neuf, *quod hactenus
quotannis pridie Kalendas Januarias vulgò can-
tari solet in Galliâ, à Druidis manasse censeant,
ex hoc fortè Ovidij.*

Ad Viscum Druidæ, Druidæ cantare solebant.

*Solitos enim aiunt Druidas per suos adoles-
centes viscum suum cunctis mittere, eóque quasi
munere bonum, faustum, felicem & fortunatum
omnibus annum precari.*

Ils contoient des merveilles de la vertu de
ce guy de chesne, & le cueilloient avec grande cérémonie, ainsi que Pline le rapporte, &
que nôtre Gosselin là remarqué en son Histoire des Vieux Gaulois ; où le bon homme a
témoigné son peu de literature, quand il a dit,
que le nom de *Saronida*, que Diodore donne
aux Druides *est Vocabulum nihili*, car Saron
signifie un chesne, comme on recueille de ces
mots de Pline, l. 4. c. 5. *sinus Saronicus olim
querno nemore redimitus, unde nomen; ita Graciâ
antiquâ appellante quercum.* C'est ce que j'ay
appris de M. Bochart, en sa Dissertation qu'il
m'a fait l'honneur de m'adresser sur le livre
de Gosselin. En effet, vous trouverés dans le
Thresor d'Estienne Σαρωνίδες *arbores cava, &
specialiter cavata quercus*, Etymol. *aut quercus
hiantes ob vetustatem, ut exponit Hesych. sic uti-
tur Callimachus.*

✠✠✠✠✠✠✠✠✠✠✠✠✠✠✠✠✠✠✠✠✠✠✠✠✠✠✠✠✠✠✠✠✠✠✠✠✠✠✠

Normans Boulieux , Normans Bigots.

*N*Ormani *pulmentarij*, ou *pultiphagi*, comme Plaute appelle les Carthaginois.
Quelques-uns les ont ainſi nommés, à cauſe
des bas Normans que nous appellôs Hoüivets,
& qui mangent force pouls, *puls, pulmentum.*
Textor en l'une de ſes Elegies , faiſant une
longue enumeration de choſes impoſſibles,
dit entr'autres, qu'on oſtera plûtoſt aux Fla-
mans, le beurre; aux Auvergnats, les raves;
& aux Normans, la boulie, qu'on ne luy oſtera
le ſouvenir de ſon amy.

Sæpe rogare ſoles, quâ tandem temporis horâ,
  Ceſſabit noſtra fœdus amicitia.
Junge lupis agnos, fac rectè incedere cancrum,
  Fac noctis tempus clarius eſſe die.
Arvernis rapas, Normanis tolle polentam,
  Militibus cædes, tolle iocos pueris.
Flamingos populos fac uti nolle butyro,
  Sint ſimul atque ſemel partus & integritas.
Quando feceris hoc, vel factum videris illud,
  Ceſſabit noſtra fœdus amicitia.

  Bigot, eſt un des ſobriquets que l'on donne
aux Normans, comme il ſe voit par ces Vers
de Vaicce.

  Moult ont francheis Normans laidis,
Et de méfais & de medis,
Souvent lor dient reprouviers,
Et claiment bigos & draſchiers.

Souvent les ont mélés au Roy
Souvent dient, Sire, porquoy
Ne tollez la terre à bigos
La tollirent à vos avos.

Les Normands ont esté nommés Bigots, par une raison à peu prés semblable à celle, pour laquelle quelques-uns veulent qu'on ait dit Huguenots, ie veux dire, à cause du commencement de la harangue d'un envoyé des Princes d'Allemagne, qui aprés avoir pronôcé & repété plusieurs fois, *Huc nos venimus. Hus nos......* demeura tout court; car voicy ce que Camden rapporte en sa Bretagne, p. 122. *Non indignum erit, quamvis sit ridiculum, hic subjungere, quod de alio Normanorum nomine legitur in veteri Mss. codice Monasterij Andegavensis. Carolus stultus dedit Normaniam Rolloni cum filiâ suâ Gislâ; hic non est dignatus pedem Caroli osculari, cumque Comites illum admonerent, ut pedē Regis oscularetur in acceptione tanti beneficij, Linguâ Anglicâ respondit, ne se by god, hoc est, non per Deum. Rex verò & sui illum deridentes, & sermonem ejus corruptè referentes, illum vocaverunt Bigod, unde Normani vocantur adhuc Bigodi.* Nos Histoires & Chroniques content la mesme chose. De ce terme Bigot, nous disons icy, faire bigoter quelqu'un, c'est à dire, l'irriter, le harasser, le faire enrager, pester, & jurer; de mesme que de l'Allemand, sacrement, on a fait sacrementer, pour dire jurer : le mot de serment étant abregé de celuy de sacrement, dont on se *servoit autrefois.* Al. Chartier.

> *Vous dirés ce que vous voudrés*
> *Espoir, mais par mon sacrement*
> *Se me croyés vous lié touldrés*
> *Son fol & mauvais pensement.*

✳✳✳✳✳✳✳✳✳✳✳✳✳✳✳✳✳✳✳✳✳✳✳✳✳✳✳✳

Avaleur de Charetes ferrées.

COntre les Thrasons & Capitans. Les Grecs nous ont donné une façon de parler à peu prés semblable. Car vous lisés dans Athenée ces mots οὗτος καταπέλτας τάς τε λόγχας ἐσθίων, *catapultas & hastas ille comest.* C'est au liv. 6. Et au liv. 10. vous trouvés cité ce passage de Xenophon, *Nostin' esse tibi pugnandum cum viris, nos exacutos cœnamus gladios, & accensas faces deglutimus pro obsonio.*

✳✳✳✳✳✳✳✳✳✳✳✳✳✳✳✳✳✳✳✳✳✳✳✳✳✳✳✳

Ie l'ayme plus que mes yeux.

TErence dans ses Adelphes a dit, *Dij me, pater, omnes oderint, ni magis te quàm oculos nunc amo meos.* Et peu aprés, *tuus verò & animo & naturâ pater, qui te plus amat, quàm hosce oculos.* Dans Catulle, souvent, *Ni te plus oculis amarem, jucundissime Calve,* Et dans son Epigramme à Quintius.

Et de diverses façons de parler triviales.
Quinti si tibi vis oculos debere Catullum,
Aut aliud siquid carius est oculis :
Eripere ei noli multò quod carius illi
Est oculis, seu quid carius est oculis.

De là vient, que pour dire aymer passion-
nément, Ciceron & les autres se servent de
ces façons de parler, *oculis ferre, oculis gestare.*
Et l'Apôtre en l'Epître aux Galates, c. 4. *Ocu-*
los vestros effossos dedissetis mihi, si fieri potuisset,
vous esties prests, s'il eust esté possible, de vous
arracher les yeux pour me les donner. Tout
cela, parce que l'œil & la veuë, sont le sens &
les parties du corps les plus nobles, & les plus
chéres, comme Aristote & l'experience le
prouvent assés.

✶✶✶✶✶✶✶✶✶✶✶✶✶✶✶✶✶✶✶✶✶✶✶✶✶✶✶✶✶✶✶✶✶✶✶✶

Banderolle de Montfaucon.

UN Scelerat qui tost ou tard sera pendu,
& qui peut dire ce que dit ce pendart de
race, dont parle Plaute. *Scio crucem mihi futu-*
ram sepulchrum, in quo siti sunt majores mei,
pater, avus, abavus, atavus. Montfaucon est,
comme chacun sçait, un gibet proche de
Paris. Pasquier remarque qu'il a causé tel
mal-heur à ceux qui s'en sont mélés, que le
premier qui le fit bâtir, Enguerrand de Ma-
rigny, y fut pendu : & depuis, ayant est rédifié
par les ordres d'un nommé Remy, luy-mesme
y fut aussi pendu, ainsi que Jean Bouchet l'écrit

dans ſes Annales d'Aquitaine, en la vie de
Philippes le Valois. Et dans ce dernier ſiécle,
ajoûte le meſme Paſquier, Moulnier, Lieu-
tenant Civil de Paris, ayant fait travailler à le
refaire, ſon mal-heur ne le pouſſa pas veritablement juſqu'à la penderie ; mais il fit l'a-
mende honorable à laquelle il avoit eſté con-
damné. C'eſt ainſi qu'autrefois Aman fut
mis au gibet qu'il avoit fait dreſſer pour Mar-
dochée, & que Perillus inventeur du taureau
de Phalaris, en fit la premiére épreuve aux
dépens de ſa vie. Ovide dans ſes Triſtes.

Ipſe ſuum praſens imbuit autor opus.
Nec mora monſtratis crudeliter ignibus uſtus,
Exhibuit geminos ore gemente ſonos.

Et au 1. livre de l'Art d'aymer.

Et Phalaris tauro violenti membra Perillî
Torruit, infelix imbuit autor opus.

✶✶✶✶✶✶✶✶✶✶✶✶✶✶✶✶✶✶✶✶✶✶✶✶✶✶✶✶✶✶✶✶✶✶✶✶

Faire carouſſe, Boire d'autant,
Rubi ſur l'ongle.

BUdée appelle cela *acratopoſia certamen,*
poculorum pugna. Faire carouſſe, eſt corrompu de l'Allemand Garhaüs, qui veut dire
tout vuidé, ſupple, le verre. Boire d'autant, c'eſt
boire autant que celuy qui nous a porté une
ſanté, comme on parle,
Il nous permet qu'en liberté
Sans aucun compliment on luy porte une ſanté,

dit M. de S. Amant, parlant d'un grand Prince, dont il venoit de dire.

Etant parmy les Allemands
Où son bras a plus fait que n'ont dit tous les
   Romans,
Il apprit à suivre les hazards
De Bacchus, aussi bien que de Mars.

Faire rubi sur l'ongle, c'est boire & vuider
le verre, de telle sorte qu'il y reste à peine une
goute de vin, qui mise sur l'ongle, représente
un beau rubî.

✳✳

Mener par le nez, se laisser mener
par le bout du nez.

LEs Grecs ont dit aussi τῆς ῥινὸς ἄγειν,
parlant d'un imbecille, & qui se laisse
conduire par autruy, comme nous voyons que
l'on conduit les buffles & les ours, en leur passant une chaîne au muffle. Dans un des Dia-
logues de Jupiter & de Junon, Lucien fait
dire à ce Maître des Dieux : *Est autem amor*
violentum quiddam, & non hominibus solùm
imperat, sed & nobis ipsis interdum ; surquoy
Junon répond, σοῦ μὲν κ) πάνυ οὗτός γε δεσπότης
ἐστί· κ) ἄγει σε κ) φέρει τῆς ῥινός φασιν ἕλκων.
Et dans le Dialogue intitulé l'Hermotime,
ou des Sectes des Philosophes. *Quòd si hæc*
parui pendas, planè tibi persuadeas, nihil obstare,
quominus ab uno quoque, quod aiunt, nare tra-

haris ; aut prælatum & florescentem oliva ra-
mum te sequi perinde ut oves ; vel potiùs aqua,
cujus in mensâ usus est, assimilabere : in quam-
cunque enim partem te quispiam traxerit sum-
mo digito, duceris ; aut per jovem arundini cui-
piam fluviali similis eris, ad quemcunque flatum
semet flectenti.

****

Faire du Grobis, du Raminagrobis.

C'Eſt à dire, faire du peſant, du ſeigneur,
du grave ; & peut-eſtre l'a-t-on forgé de
gravis. Dans Rabelais, liv. 2. c. 30. Je vis
Maître Jean le Maîre, qui faiſoit du Grobis....
Et dans l'Hiſtoire de l'Evangile en vers.
Sus, gripons-le par le pourpoint,
C̦a maître ne rebellés point,
Faites vous icy du Grobis,
Vous viendrés par devers Nobis.
Ce *Nobis,* me fait ſouvenir de la facétie
d'un bon Bourgeois, qui s'appelloit *Nobis,* &
qui fiſt graver ſur la porte de ſa maiſon, *ſi*
Deus pro nobis, quis contra nobis? Un Pedent
paſſant par là, ne manqua pas de donner dans
le panneau, & d'aller avertir le Maître, qu'il
avoit commis un ſoléciſme, dont tous les
paſſans étoient ſcandaliſés, & qu'il falloit
mettre, *ſi Deus pro nobis, quis contra nos?* Au
mot de Grobis, on a ajoûté celuy de Ramina,
comme qui diroit, *Domine gravis.* Ramina-
grobis,

grobis, dit Nicot, eſt un terme da gaudiſſe-
rie, que le François a forgé à plaiſir , pour
gaudir un qui contrefait le grave & le ſevere,
tragicè gravis , alto faſtu turgidus. I'ay vû
encor ce mot employé dans un vieux Rondeau,
mais en une ſignification obſcene.

****

Il a eſté tondu.

IL a eſté ſiſflé dans ſon avis , il n'a pas eu
l'honneur qu'il eſperoit, & il a eu la honte
de ne voir pas réüſſir ſon entrepriſe. François
de Villon en ſes Repuës franches, parlant du
temps qu'il alla à Paris.

> *Pource que chacun maintenoit ,*
> *Que c'étoit la Ville du monde*
> *Qui plus le monde ſoûtenoit ,*
> *Et où maint étranger abonde*
> *Pour la grand ſcience profonde*
> *Renommée en icelle Ville;*
> *Je partis & veux qu'on me tonde*
> *S'a l'entrée avois croix ne pile.*

Cela eſt venu de ce que la tonſure étoit
autrefois une marque de ſujetion & d'igno-
minie, de meſme que la chéveleure étoit la
marque des perſonnes de qualité & de condition libre. Voyés ce que Paſquier écrit là
deſſus fort au long , au liv. 8. ch. 9. de ſes
Recherches: mais voyés ſur tout , le ſçavant
M. Saumaiſe en ſon Traitté de la Chéveleure.

B

✶✶✶✶✶✶✶✶✶✶✶✶✶✶✶✶✶✶✶✶✶✶✶✶✶✶✶✶✶✶✶

C'est mon.

IL faut sous-entendre, avis, ou sentiment, & le plus souvent c'est un terme ironique, qui répond au Latin *scilicet*, *nimirum*, *scilicet is superis labor est*. Du Monin au liv. 2. de son Uranologie.

C'est mon! c'est bien sonder au puits inépuisable
De l'almé vérité la lampe venerable,
Chetifs veufs de bon sens, orphelins de raison.

Le peuple s'en sert dans son serieux; & il n'a rien de plus fréquent dans la bouche, que de dire, lors qu'il veut affirmer ou confirmer quelque chose, c'est un fort bon homme, c'est mon. Voilà un grand mal-heur, c'est mon.

✶✶✶✶✶✶✶✶✶✶✶✶✶✶✶✶✶✶✶✶✶✶✶✶✶✶✶✶✶

A Goupil endormy, rien ne chet en la gueule.

C'Est à peu prés ce que disent nos Loix, *vigilantibus jura scripta sunt*. Goupil est un vieux mot qui signifie un Renard; du Latin *vulpillus*, diminutif de *vulpes*.

Enfans de la mate.

AUtrement, supposts de la mate, filoux, coupe-bourses, excrocs. La mate étoit autrefois une place à Paris, où ces sortes de gens avoient de coûtume de s'assembler, ainsi que M. Cotgrave le remarque. De mate, on a fait matois.

Promettre des Montagnes d'or.

TErence dans son Phormion : *Aureos montes polliceri*. Plaute dans le Stichus : *Neque ille sibi mereat Persarum montes, qui aurei esse perhibentur.* Et dans le *miles gloriosus* ; *Argenti montes, non massas habet ; Ætna non æquè alta est.*

Vous n'avés qu'une Chanson.

DAns cette mesme Comedie de Phormion. *Mirabar, si tu mihi quidquàm adferres novi, audi quod dicam, at enim tædet jam audire eadem millies, Cantilenam eandem canis.*

****

Se batre sans quartier, ne faire-point de quartier.

CEla est pris de ce que les Hollandois & les Espagnols étoient autrefois convenus, que la rançon d'un Officier ou d'un Soldat, se payeroit d'un quartier de sa paye ; de sorte, que quand on ne vouloit point recevoir à rançon, mais qu'en usant de tous les droits de la victoire & de la guerre, quelqu'un tuoit son ennemy, il luy disoit ; c'est en vain que tu offres un quartier de tes gages, on n'en veut point, il faut mourir.

****

Faire main basse.

PErdre entiérement, tuër sans recevoir à mercy ; fraper d'estoc ce qui est mortel, & non plus de taille, ce qui ne va le plus souvent qu'à estropier. Pour l'un, il faut lever le bras & la main ; pour l'autre, il la faut baisser.

****

Vous baillés la brebis à garder au Loup.

DAns Terence en son Eunuque, où il parle de Chærcas, que l'on croyoit eunu-

que, & à qui l'on avoit baillé une fille à garder.
Scelesta ovem Lupo commisisti. Et Ciceron en
sa troisiéme Philippique , parlant d'Antoine,
Custósne vobis an direptor & vexator esset Anto-
nius. O præclarum custodem ovium, ut aiunt,
Lupum !

****

Allonger les SS.

† MEconter, enfler ses contes, comme en
usent ceux qui d'une ſ, autrefois ainſi
peinte , & qu'on mettoit à la fin dè chaque
article pour marquer les sous, en faisoient une
ſ, qui marquoit les livres ou les francs.

****

Tenir l'anguille par la queuë.

C'Est ne voir & n'avoir rien d'asseuré :
estre dans l'incertitude de quelque entre-
prise, soit par la nature de la chose qui est en
soy douteuse, soit par la legereté des esprits
ausquels on a affaire.

Sed quòd nomen esse dicam ego isti servo, simia,
Scitne in re adversâ versari ? Turbo non æquè
citus est.

Quid cùm manifestò tenetur? Anguilla est, ela-
bitur.
Plaute *Pseud. Act. 2. sc. 4.*

****

Des pieds de Mousche, des pieds de Chat.

NOus nous servons de cette premiére façon de parler, pour exprimer des létres
trop menuës ; & nous employons l'autre pour
signifier des létres mal-formées, mal-arran-
gées & proportionnées ; de sorte, que pour
parler aux termes de Plaute dans le Pseudolus,
Act. 1. sc. 1. *Quærunt litera ha sibi liberos, alia
aliam scandit. An obsecro hercle habent quoque
Gallinæ manus ? Nam has quidem Gallina scri-
psit.* Les Flamands appellent aussi ces létres
des pieds de Coq.

****

C'est une bonne truye à pauvre homme.

CEla se dit d'une femme qui fait souvent
des enfans, à cause de la fecondité des
truyes, qui portent deux fois l'an, qui se font
couvrir, quoy que pleines ; contre l'ordinaire
des autres bestes, & qui ont eu quelquefois
jusqu'à vingt petits d'une portée, comme Pline
l'a remarqué, liv. 8. c. 51. De là vient, qu'entre
les meubles vivans du Laboureur, avec le
Chien qui garde la maison, vous voyés jointe
la coche qui la nourrit. Dans Aristophane *in*

Pluto, Mercure irrité contre Charion, dit, *Curre, tuumque huc evoca herum ocyùs & heram, & communes liberos, & omnes servos, & canem & suem, ut vos omnes in eodem permixtos culeo profundum in baratrum demergam.*

****

Parler Latin devant les Clercs.

C'Eſt ce qu'on dit en Latin à peu prés dans le meſme ſens, *ſus Minervam,* parce qu'autrefois le mot de Clerc & de Clergie ſe prenoit pour ſcience & pour ſçavant. Et l'on diſoit, c'eſt un grand Clerc, pour dire, c'eſt un habile homme ; c'eſt un mauclerc, pour dire, c'eſt une beſte. Ainſi fut appellé par ſes ſujets, Pierre Duc de Bretagne, comme brutal & mal-aviſé, à cauſe du grand préjudice qu'il fit à ſes Succeſſeurs par les ſoumiſſions & les hommages non accoûtumés, qu'il rendit au Roy S. Louys. Sur quoy le Sire de Joinville, dit dans ſon Hiſtoire. Je ne ſçay, ſi à juſte cauſe les Bretons luy donnérent tel nom, parce qu'il devoit eſtre bien ſage, puis qu'il avoit étudié ſi long temps à Paris.

****

Vin de trois fueilles, maître Vin.

NOus avons pris le premier, du Latin *vinum trifolinum,* dont il eſt parlé dans

Pline, liv. 14. ch. 6. *Vina*, dit d'Alechamp, *quæ tertio foliorum exortu, nempe tertio anno, ad bibendum tempestiva forent;* vulgò vin dé trois fueilles. Martial.

Non sum de primo, fateor, trifolina Lyao.

Pour maître Vin, c'est à dire, fort & vigoureux, tels qu'étoient ces sortes de vins, qu'on appelloit Dynastes & Rois. Servius, sur ce vers du 2. liv. des Georgiques,

Tmolus & assurgit quibus & Rex ipse Phaneus,

A remarqué, que dans Lucilius le vin de Chio est appellé δυναςής, comme qui diroit, Satrape, ou Dynaste, & que le vin qui croissoit sur le Mont Phaneus, s'appelloit Roy, voyés d'Alechamp sur le Chap. 8. du liv. 14. de Pline.

****

C'est un maître Mousche, c'est une fine Mousche, les plus rouges y sont pris.

LA première façon de parler, est prise de ce qu'un nommé Mousche, étoit un excellent joüeur de gobelets, & de passe-passe. L'autre vient de ce que les vieilles mousches ne se laissent pas engluer, ni prendre aysément. Dans l'Histoire de l'Evangile en vers, Roulart & Dentart, deux des Démons qui vouloient perdre nôtre Seigneur, parlent ainsi:

Il n'y a né plut ne pasture,
Allons ailleurs fourrer nos bouges,

Nous ne sommes pas assés rouges
Pour engluer si fine Mousche,
Allons ailleurs faire escarmouche.

Nôtre Peuple dit en Normandie, plucoter & pluchoter, pour éplucher; ce que font les poules, & les autres oyseaux, quand ils cherchent de petits grains, des fueilles, ou des vers, pour se nourrir; & par metaphore, on dit d'un petit mangeur, ne faisant que chercher par-cy par-là, de petits morçeaux, qu'il ne fait que plucoter. Rouge, c'est à dire, malin, méchant; malin comme un Asne rouge. On croit que les hommes de ce poil, sont traîtres & artificieux. *Crine ruber*, dans Martial. Et M. Cotgrave cite ce Proverbe, *Les plus rouges y sont pris*, c'est à dire les plus fins, & les plus malicieux.

****

Faire mérienne, faire rincie.

FAire mérienne, c'est se reposer le midy, interrompre son travail, manger & dormir ensuite: ce que font les Journaliers, *qui meridie fusi per herbam dormiunt*, plus ou moins de temps selon les saisons; & depuis la Toussaint les jours étant trop courts, on ne fait plus de mérienne. Dans la l. 26. du Tit. du *Digeste, de Operis Libert.* vous lisés qu'un Patron peut faire travailler ses affranchis, *modo liberales operas ab illis exigat, & adquiescere*

eos meridiano tempore, & valetudinis & honesta-
tis rationem habere sinat. Dans Théocrite,
Idyl. 1. Pan & les Chasseurs se reposent sur
l'heure du midy. Les Moines le faisoient aussi
autrefois. Mathieu Paris., *in vitis*, p. 101.
Galfridus Abbas S. Albani , adhuc Monachis
adjecit, ut omni æstate in die jejunij post refectio-
nem eant dormitum, more meridiano. Les Soldats mesme, étant en marche, font mérienne,
si l'on en croit l'Autheur, qui a fait la suite de
l'Histoire d'Aimoin : car voicy ce qu'il dit au
liv. 4. c. 69. *Sed ne diutius siti confectus labo-*
raret exercitus , divinitùs factum creditur, ut
quadam die , cùm juxta morem tempore meri-
*diano cuncti quiescerent.... * Mais ce n'étoient
pas seulement les Ouvriers & tous les autres
qui avoient travaillé , ceux aussi qui ne faisoient rien, se reposoient le midy, & ils avoient
pour cela ces lits, nommés grabats , dont il est
parlé dans la Loy 10. §. 8. ff. *De Instr. & Instr.*
Leg. & par ce mot de *grabatus,* tous les Interprétes entendent *lectulum meridiando idoneum.*
Ce petit repos qu'on prenoit & qu'on prend
encore à cette heure-là , s'appelloit *somnus*
insititius; Varron, *de Re Rust. l. 1. c. 1. Ego hic*
ubi nox & dies modicè redit & abit, tamen æstivo
die si non diffinderem meo insititio somno meri-
diem, vivere non possem. Voyés Sidon Apoll. l. 1.
Ep. 2. & l. 2. E. 9. Et Seneque, Epître 83.
brevissimo, inquit, somno utor, & quasi inter-
jungo; satis est mihi vigilare desisse, aliquando
dormisse me scio, aliquando suspicor. Sur lequel

passage le Commentateur remarque, que
interjungo, se met pour *meridior; illudque pro-
priè de equis & de aratro dicitur, Gallicè* déjoin-
dre. *Interjungere ergo est interquiescere, tractum
à curru, cujus rota interjectâ sude junguntur, ut
quiescat, nec circumvolvatur.* Martial. l. 3. E. 66.
*Exarsitque dies, & hora lassos interjunxit equos
meridiana.* Cette façon de faire, si contraire à
l'Echole de Salerne, *somnum fuge meridianum*,
& à ce que dit Plaute, in Mostell. Act. 3. sc. 2.
Non bonus somnus est de prandio, apage ; a donné lieu à une façon de parler fort-commune
parmy nôtre Peuple, qui dit ordinairement,
je feray cela, ou j'iray là, de relevée, cette
relevée, pour dire l'aprés midy, & au temps
qu'aprés avoir esté couché on se reléve pour
retourner à son travail. Merianer & Meriane,
viennent de *meridiari*, *meridianus*, *meridiana*, qui sont employés dans la bonne Latinité
en pareil sens ; comme Pline, Cornelius,
Celsus, & les autres le font voir. Mais *Meri-
dionalis*, pour le dire en passant, est un mot
barbare : car de *Septentrio Septentrionis*, on fait
bien *Septentrionalis* ; au lieu que de *Meridies
Meridiei*, on ne fait que *Meridialis* ou *Meridianus*. M. Vossius le Pere a aussi fait une
remarque assés particuliére sur ce mot de *Meridies*, c'est que Varron *in Marcipore*, a dit, *Noctis
Meridiem*.

✝ Raincie, c'est à dire, collation : faire raincie,
faire collation : ce que dans quelques autres
Provinces, on dit rétion, rétionner, reciner,

du Latin *Ratio*, d'où nous avons fait aussi, ration de pain. Voyés M. Menage.

-

Par rain , & par baston.

C'Est une façon de parler autrefois ufitée dans la folennité des Inveftitures. Bien des gens en ont parlé bien diverfement: Cujas la fait mieux qu'aucun ce me femble dans fes Notes, fur les livres des Fiefs, liv. 2. tit. 2. où l'on trouve ces mots. *Porrigunt inveftiendo alij baculum, alij gladium, alij haftam, alij vexillum, alij annulum. Otho Frifingenfis, Regna per gladium, Provincias per vexillum tradi ait. Epifcopatus imò & omnia feuda antiquo more Gallico, per annulum & virgam; quod dicebant,* par rain, & par bâton. *Rain pro annulo, ut hodiè Germanis, Ring. Adijciebant baculum, unde jactatur hoc vulgò è Gallorum moribus,* le Vaffal fe peut joüer de fon Fief, jufqu'à la main mettre au bâton, *Vaffallus feudi fui liberam adminiftrationem habet, modò fi non fe in alterius fidem Domini & clientelam conferat, nimirùm ab alio accepto fcipione, quod alijs verbis,* jufqu'à foumiffion de foy. L'aneau étoit la marque de la fidélité, & le bâton, ou la croffe, la marque du fecours & de l'affiftance deuë par le Vaffal à fon Seigneur, & par l'Evefque à fon troupeau. Voyés Voffius, *de vit. ferm. lib. 3. c. 16.* Ce qui me fait un peu de peine eft,

que

que je ne trouve dans aucun de nos vieux
Autheurs & Vocabulaires, le mot de rain en
la signification que luy donne Cujas ; mais
seulement ceux d'anel ou aneau, du Latin
annulus; bague, *de bacca*, verge, *de viria*, ou
viriola, dont Vlpien fait mention, lisés *Argu-*
mento 25. §. 10. ff. *de Au. Arg. Mund.* Orna-
menta *muliebria sunt, quibus mulier ornatur,*
veluti inaures, armilla, viriola. ….. Tertullien, S. Ambroise & Isidore, en parlent aussi.
Et Melusine dit à Raymondin, au commencement de ce Roman : tenés mon doux amy, "
pour nos amours ensemble commencer, je "
vous donne ces deux verges ensemble, des- "
quelles les pierres ont grandes vertus; l'une a, "
qu'à celuy auquel elle sera donnée par amour, "
ne pourra mourir par nul coup d'armes, tant "
qu'il l'aura sur soy : l'autre est, qu'elle luy "
donnera victoire sur ses malveillans, s'il se "
habandonne, soit en pléderie, soit en mêlée. "
Et le Roman de la Rose dans le racontement fait au jardin de Plaisance, de deux
Amans fortunés d'Amours.

   Façon d'agneaux toute mignoterie,
Entaillement faits en pierreries,
Fut par amours premiérement trouvée
Verge & signets & telle droguerie,
Que les Ouvriers font en Orfevrie.

   Et dans ce mesme racontement, un peu
plus bas, vous lisés encor.

   Lors luy mis une verge au doi,
Et là me promist sur sa foy,

C

Qu'n jamais pour l'amour de moy
La garderoit.

L'I, se change souvent en **G** , *abreviare,*
abreger. *Polentiarius* , boulanger. *Salvia,*
sauge. *Fimbria,* frange..... Et de l'I, on fait
encore un **E**, *viridis,* verd, *viridarium,* verger:
où vous voyés l'un & l'autre changement,
comme en *viriola* , ou *viria,* verge. On trouve
encore le mot de signet, ainsi que nous l'avons
vû cy-dessus , du Latin *signum, sigillum,* parce
que c'étoit autrefois avec les bagues ou
aneaux que l'on séelloit, & que l'on cachetoit
les lettres. Nous disons encore en Normandie, un jonc, qui est un aneau sans chaton,
comme nôtre teurtin est un aneau d'or ou
d'argent tors : & nous avons pû prendre le
premier du Latin ; *jocus, jocale,* sous lequel la
basse Latinité a compris non seulement ce
qu'on nomme les bagues & joyaux, mais aussi
tous les autres ornemens & bijoux ; mais rain-
ou raim, je ne le vois que pour rameau, d'où
l'on a fait le diminutif rainseau, *ramusculus.*
Dans Alain Chartier , au Dialogue du debat
du cœur & de l'œil.

Nous quismes tant de toutes parts ,
Qu'enfin trouvasmes pour chacier,
Grands cerfs en la forests épars
Pour leur pasture pourchacier.
Adonc je prins à embracier
Plusieurs rainseaux d'orme & d'aubel,
Desquels pour mieux nous radrecier,
Je fis les brises bien & bel.

Du diminutif de Rainseau, du Baïf en a fait encore celuy de rainselet. C'est en son Poëme intitulé, les Roses, où il parle de la rosée.

Je vis les rosiers s'éjoüir,
Cultivés d'une façon belle ;
Je vis sous la clarté nouvelle,
Les belles fleurs s'épanoüir,
Les perles blanches qui pendoient
Aux rainselets rosoyaus nées,
Leur mort du Soleil attendoient
A ses premiéres rayonnées.

Je vois aussi, Rain de forests, en l'Ordonnance du Roy Charles V. de l'an 1376. mot que Ragueau en son Indice interpréte par ceux de lisiére & lieux voisins des bois, orée, *ora.* Et dans l'Ordonnance de François I. de l'an 1515. *Pour obvier aux fraudes, défendons qu'aucuns Charpentiers ou Ouvriers de neuf, de vaisseaux à vin, ne tiennent ateliers d'oresnavant és terres, ni au Rain des forests.* Voyés Hotoman en son Traité des Fiefs. L'Oyseau des Offices, Tit. des Seigneuries. Ragueau en son Indice, & Nicot au mot *Rain,* où pas un d'eux ne met entre ses significations, celle d'anneau, ou de bague.

✳✳✳✳✳✳✳✳✳✳✳✳✳✳✳✳✳✳✳✳✳✳✳✳✳✳✳✳✳✳✳✳

Il a du foin aux Cornes.

CEla se dit d'un homme fâcheux & puissant, auquel il fait dangereux d'avoir à faire. Les Latins ont dit en mesme sens *fœnum in cornu habet.* Plutarque en la vie de Crassus, raporte, qu'à cause de ses richesses & de son pouvoir, personne n'avoit osé l'entreprendre ni le choquer ; mais que Cesar fut le premier qui luy osta le foin des cornes, & qui eut le courage de luy resister. Cette façon de parler est prise, si l'on en croit le vieux Scholiaste d'Horace, de ce qu'on mettoit du foin aux cornes des Taureaux accoûtumés à heurter, afin que par là on les reconnust, & qu'on s'en pust donner de garde. *Fœnum habet in cornu, longè fuge.* Il est souvent parlé de ces bestes dangereuses qu'ils appelloient *cornupetas,* dans le Digeste, au Titre *si quadrupes pauperiem fecisse dicatur,* & au Titre suivant, *ad Legem Aquiliam.*

✱✱✱✱✱✱✱✱✱✱✱✱✱✱✱✱✱✱✱✱✱✱✱✱✱✱✱✱✱✱✱✱✱✱✱✱

Il a les mains gluantes, il n'a point de mains.

LE premier se dit d'un Juge qui prend ; l'autre d'un Juge qui ne prend point. Lucilius dans l'une de ses Satyres, dont Nonius nous rapporte les mots,

Omnia viscatis manibus leget, omnia sumet.

Et Varron en ses Andabates. *Nec manus visco tenaci tinxerat.* De là vient qu'on dit *manuari,* pour dérober, & *manuarius,* pour larron. Plaute in Trucul. *Act.* 2. *sc.* 2. *Hem tu ô sexun-*

gula ! Et le meſme *in Aulul.* avoit appellé les
larrons *homines cum ſenis manibus.* Nôtre
célébre Paſquier fit faire ſa taille-douce ſans
mains, avec ce Diſtique au deſſous.
Paſchaſio nulla hîc manus eſt ; Lex Cincia quippe
　Cauſidicos nullas juſſit habere manus.

****

Des argumens de Triqueniques. Vn beau Monſieur de Triqueniques.

CE que l'on dit autrement, un beau Mon-
ſieur, ou, des argumens de paille & de
neant. Triqueniques, dit Nicot, τριχὸν νεικὰ
*vel νεῖκος contentio de capillis, ideſt, de re parvâ
& vilis pretij, quomodo diximus rixari de lanâ
caprinâ. Trica & tricari.* D'où vient que nôtre
mot de tricher, eſt la meſme choſe que *nugas
agere.* Peut-eſtre ce mot a-t-il eſté fait de
ceux de *trica,* & *nihil,* qu'on écrivoit autrefois
nichil, de meſme que *michi* pour *mihi.*

****

Pois pour Féves.

REndre la pareille ; l'Apologue de la Ci-
gogne & du Renard eſt connû , & l'hiſtoire du faiſeur d'oreilles, & du faiſeur de
moules, ne l'eſt pas moins ; & compere Guillaume le rendit plus chaud que braiſe à ſire
André.

    Je m'ébahis, comme au bout du Royaume
S'en est allé le compere Guillaume,
Sans achever l'enfant que vous portés,
Car je vois bien qu'il luy manque une oreille,
Vôtre couleur me le demôntre aßés,
En ayant vû mainte épreuve pareille;
Bonté de Dieu, reprît-elle auſſi-toſt,
Que dites-vous ? quoy, d'un enfant monaut

* * * * * * * * * *

Monaut, est-ce que nous appellons icy un
hére, du Grec μόνωτος. De son côté, compére
Guillaume s'adreſſa à la femme de ſire André.

    A la pauvréte il ne fit nulle grace
Du talion, rendant à son époux
Féves pour pois, & pain blanc pour foüace.

****

Il ne ſçait ni A , ni B.

IL eſt un ignorant, & une beſte : nous diſons
autrement ; c'eſt un Abecedaire, qui commence ſeulement d'apprendre à lire : les Latins ont dit à peu prés en meſme ſens, *neque
natare, neque literas.* Tel étoit cét Heribald
Comte du Palais, ſous le régne de l'Empereur Louis I. dont il eſt parlé dans un Cartu-
laire du Monaſtere de Caſaure. Là ce bon
Seigneur reconnoît luy-meſme franchement,
qu'il ne ſçait écrire, car dans ſa ſouſcription
vous y trouvés ces termes. *Signum Heribaldi
Comitis ſacri Palatij, qui ibi fui & propter igna-*

rantiam literarum , *Signum S. Crucis feci,*
Voyés M. du Fresne en sa Dissertation XIV.
sur l'Histoire de S. Louis. Tel encore ce bon
M. qui servit de sujet à l'une des Epigrammes
de Regnier.

Quoy que tu n'ayes sçû jamais Grec, ni Latin,
Celuy qui t'appelle asne, est luy-mesme une beste,
Veux-tu sçavoir pourquoy, c'est qu'un asne
    Martin
A les cornes aux pieds, tu les as à la teste.

****

A qui vendés-vous vos Coquilles.

L'On sous-entend, à ceux qui viennent du
Mont S. Michel. Cette façon de parler est
à peu prés, la mesme que celle-cy, à qui vous
joüés-vous , à qui pensés-vous en bailler à
garder. Coquille vient du Latin *conchula* : &
dans M. de Thou , *Conchyliati Equites* , les
Chevaliers à Coquilles, c'est à dire, les Chevaliers de l'ordre S. Michel, que Louis XI.
institua , croyant que Dieu s'étoit servy du
ministére de cet Ange, pour délivrer la France
des Anglois, & empescher que ce Mont, qui
luy est consacré, ne tombât entre leurs mains,
comme avoient fait toutes les autres places
de la Province. Coquille, coquilliére & co-
quillon , étoit une sorte de Chaperon, ou coïf-
fure de femme, faite en forme de coquille,
dont j'ay vû d'anciennes peintures ; & du mot

coquille, l'on a fait le verbe, coquiller. Pain coquillé, & le composé, recroquiller, que nôtre peuple a corrompu en croquiller & recroqueviller, qui signifioit proprement voûté, tourné, ou plié en façon de coquilles, mais dont nous nous servons pour marquer le plis que le feu, ou que la main font à un livre.

****

Métre la main à la paste.

C'Est à dire travailler soy-mesme, ne s'en attendre point à autruy; connoître d'affaires. Marot a mis en œuvre cette façon de parler dans son Epigramme, contre le vilain tetin.

Tetin qui n'as rien que la peau,
Tetin flac, tetin de drapeau;
Grand tetine, longue tétace,
Tetin, dois-je dire beface:
Tetin au grand vilain bout noir
Comme celuy d'un entonnoir,
Tetin qui brinbale à tous coups,
Sans estre branlé ni secous;
Bien peut se vanter qui te taste,
D'avoir mis la main à la paste.

Il a bien des Vercoquins à la teste.

CEla se dit d'un homme d'esprit leger & follet. Voicy ce qu'en écrivent Riolan, & les autres Anatomistes. *Cerebelli particula quadam seu apophysis ob vermis figuram processus vermiformis dicitur, quem nonnulli putant aliquando verti in vermem vivum ; alij verò hunc vermem in cerebro nasci à putredine volunt. Quidquid sit, certum est in cerebro generari vermem ejusmodi, qui equo maniam inducit ; vulgò à nobis vocatur* Vercoquin, *unde vetus dictum.* Il a bien des Vercoquins à la teste, *de homine levi, & præcipiti.* Il sembleroit donc que Vercoquin auroit esté dit pour Verequin, ou Versequin.

Hardy ou asseuré comme un meurtrier.

NOstre M. de Bras parlant de la fameuse Gargoüille : Ils ont, dit-il, le privilége S. Romain en la Ville de Roüen, & l'Eglise Cathedrale du lieu, au jour de l'Ascension nôtre Seigneur, de délivrer un prisonnier qui leur fut concedé par le Roy Dagobert, en mémoire d'un miracle que Dieu fit par Saint Romain, Archevêque du lieu, d'avoir délivré

" les habitans d'un Dragon, qui leur nuisoit
" en la forest de Rouvray, prés de ladite Ville:
" pour lequel vaincre, il demanda à la Justice
" deux prisonniers dignes de mort ; l'un meur-
" trier, l'autre larron ; le larron eut si grande
" frayeur qu'il s'enfuit, & le meurtrier demeura
" avec ce Saint Homme, qui vainquit ce Ser-
pent. C'est pourquoy ce privilege de déli-
vrance ne doit estre accordé aux larrons, &
l'on dit encore en commun proverbe, *Il est
asseuré comme un meurtrier.*

****

La chemise est plus proche que le pourpoint.

CEtte façon de parler a esté formée sur le Latin *tunica propior pallio est* ; dont Plaute se sert à la fin du *Trinummus.*

****

Tout est sens-dessus-dessous.

C'Est à dire, que tout est dans une grande confusion. Monsieur Vaugelas apporte dans ses Remarques diverses opinions, tou-chant la manière d'écrire cette façon de par-ler. Mais c'est ainsi que l'ont écrite Messieurs du Port Royal, en leur Grammaire Fran. p. 383. M. Chapelain, livre 4. de la Pucelle.

Comme aprés que le Sud, tyran des mers pro-
*   fondes,*
A sens-dessus-dessous bouleversé les ondes.

Et devant eux Pasquier, en l'une des lettres
qu'il écrivoit à Ramus. Au regard de ce que "
me mandés, que ne pouvés bonnement goûter "
cette locution Françoise, sens-dessus-dessous, "
dont vous écrivant, j'ay usé, vous n'étes pas "
le premier qui en a fait quelque scrupule, car "
je voy plusieurs de ceux qui sont en reputation "
de bien dire, avoir douté d'en user dans leurs "
Traductions, & au lieu d'icelle, avoir mis le "
dessus dessous, tantost, ce que dessus dessous, "
toutefois, j'espere vous lever fort aysément "
ce doute, s'il vous plaist, considerer combien "
ce mot de sens nous est heureusement fami- "
lier, quand nous disons, que quelque chose est "
de tel, ou tel sens: de cette parole est venu "
que nous avons dit, qu'une chose est sens "
dessus-dessous; & encor sens devant derriére, "
pour donner à entendre que ce qui devoit estre "
dessus est dessous, & devant ce qui est derriére. "
Je croy que par cette petite demonstration, "
vous avés occasion d'être satisfait. Sens donc "
signifie situation, & l'on veut dire, que ce qui
étoit ou devoit estre en une situation, asçavoir
dessus, est en une situation toute contraire,
asçavoir dessous.

****

Vos fiévres quartaines.

C'Est une imprecation, dont encore le mesme Autheur parle ainsi au livre 10. de ses Létres. Je loüe Dieu que soyés maintenant garanti de cette fâcheuse fiévre quarte,
qui s'étoit logée dedans vous, l'espace de deux
ans, je ne l'appelle pas sans cause fâcheuse,
mesme entre nous autres François. Car quand
nous voulons mal à un homme, le plus beau
de nos souhaits, est de luy desirer ses fiévtes
quartaines ; ce qui n'a pas esté mis en usage
sans raison par nos Anciens, car si l'esprit du
François est chaud & boüillant, & qui vueille
ou tost mourir, ou tost guérir, ce luy est une
dure prison de demeurer si long-temps malade. M. Voiture, en l'une de ses létres à M.
Costar ; ce fut sans doute une grande & remar-
quable saignée, que celle qui guérit de la
fiévre, fabie maxime. Croyés vous qu'aprés
cela, les Allobroges luy souhaittassent encore
une fois ses fiévres quartes.

****

S'en aller la queuë entres les jambes.

C'Est à dire s'enfuir, se retirer tout honteux. Parce que comme d'avoir la queuë
droite,

droite, ou s'en batre les flancs, est une marque de force, de joye, & de hardiesse aux animaux ; aussi de l'avoir pendante, & de la retirer entre les jambes, afin de mieux fuir, est
une marque de crainte. Il faut voir Aristote,
& les autres Autheurs cités par Lacerda, sur
ces Vers de l'onziéme Livre de l'Æneïde, qui
expliquent clairement la chose.

Ac velut ille priùs quàm tela inimica sequantur,
Continuò in montes sese avius abdidit altos
Occiso pastore lupus, magnoque juvenco,
Conscius audacis facti, caudámque remulcens
Subjecit pavitantem utero, sylvásque petivit.

De là vient que le mot de ὀρρωδεῖν en Grec,
signifie craindre.

****

Entre la bouche & la cuillier, il arrive souvent du detourbier.

CAton a dit, *nolite ibi nimiam spem habere: sæpe audivi inter os atque ossam multa in-*
tervenire posse : Et c'est ce que les Grecs ont
exprimé par ces vers.

Πολλὰ μεταξὺ πέλει κύλικος κ̀ χείλεος ἄκρου.

Voyés Aulugelle, l. 3. ch. 16.

D

✳✳

C'est un ris de Boucher, il ne passe point le nœu de la gorge.

CE Proverbe est commun parmy le Peuple de la haute Normandie, & vient, ou
de ce que d'ordinaire les Bouchers tiennent
leurs coûteaux à leur bouche, ce qui leur fait
môntrer les dents, & faire une contorsion de
lévres, imitant le ris ; comme on dit qu'il arrivoit à ceux qui avoient mangé une certaine
herbe de Sardagne, ainsi qu'il se voit dans
Erasme, là où il parle du ris Sardonique : ou
bien cette façon de parler a pour fondement
une fausse plaisanterie, & allusion, au mot de
bouche ; & ainsi, ris de Boucher ne voudroit
dire autre chose, sinon le ris d'un homme qui
ne rit que de la bouche, & comme on dit autrement, du bout des lévres. On se sert de l'un
& de l'autre, quand on voit quelqu'un témoigner à l'exterieur, qu'il a beaucoup de joye &
de satisfaction ; quoy qu'en effet, il ne soit pas
trop content, *nec gaudium gaudet genuinum,
& intimum, atque in ipso penetrali cordis &
animæ vigens*, comme dit élegamment Aulugelle.

****

Il a bien fait, il aura de l'herbe.

CE Proverbe ufité parmi nous, a quelque chofe d'approchant du Latin *dare*, ou *porrigere herbam alicui*, c'eft à dire, luy ceder, luy rendre l'honneur & la récompenfe deuë à fa vertu, & le reconnoître pour vainqueur. Voyés Erafme en fes Adages, au titre *vincere & vinci*, où il môntre, que par cette action, le vaincu prétendoit témoigner, qu'il quittoit le champ de bataille. Pline parlant de l'élephant, *Mirus pudor eft elephantis, victufque vocem victoris fugit, terram ac verbenas porrigit,* Liv. 8. ch. 5. & liv. 22. ch. 4. *Summum apud Antiquos fignum victoriæ erat, herbam porrigere victos, hoc eft terrâ, & altrice ipfâ humo & humatione eos cedere: quem morem etiam nunc durare apud Germanos fcio.* Ou fans aller fi loin, ce proverbe peut eftre venu des Ecuyers & Cavaliers, qui donnent une poignée d'herbe aux chevaux qui ont obey, & fait ce qu'on leur demande. Theophile en derifion de ce premier couplet d'une chanfon de Malherbe, *Cette Anne fi belle*, fit cét autre;

> *Ce Poëte Malherbe*
> *Qu'on tient fi parfait,*
> *Il aura de l'herbe,*
> *Car il a bien fait.*

Peut-eftre encore cela peut-il venir de cette forte de couronnes, qu'on appelloit *gramineas.*

✳✳

Faire une querelle d'Allemand.

C'Est à dire, chercher noise, & quereller pour un maigre sujet. Cette façon de parler a esté peut-estre prise de l'humeur guerriére des Allemands, dont voicy ce que Pomponius Mela, & les autres disent. *Bella cum finitimis gerunt, causas eorum ex libidine accersunt, neque imperitandi prolatandique ; quæ possident (nam nec illa quidem enixè colunt) sed ut circa ipsos qua jacent, vasta sint, jus in viribus habent, adeò ut ne latrociniÿ quidem pudeat.* Ronsard en quelque endroit appelle les Allemands, *La gent pronte au tabourin.*

   Ce monstre que j'ay dit met la France en campagne,
     pagne,
Mandiant le secours de Savoye, & d'Espagne,
Et de la Nation qui pronte au tabourin,
Boit le large Danube, & les ondes du Rhin.

   Et Tacite parlant de ces mesmes Peuples. *Materia munificentiæ per bella & raptus, nec arare terram, aut expectare annum tam facilè persuadebis, quàm vocare hostes, & vulnera merœri. Pigrum videtur, quin imò & iners videtur, sudore adquirere, quod possis sanguine parare.*

****

L'œil du fermier vaut fumier.

C'Est ce que nous disons en mesme sens, quoy qu'en diverses paroles, l'œil du maître engraisse le cheval. En l'un & l'autre, l'œil, c'est à dire, le soin & la vigilance, qui peuvent tout dans toutes sortes d'affaires. Pline a dit *Majores noſtri fertiliſſimum in agro oculum Domini dixerunt.* C'eſt au chap. 6. du liv. 18. où il rapporte l'Hiſtoire d'un Furius Creſinus, qui recüeillant beaucoup plus de gerbes dans ſon petit champ, que ſes voiſins n'en faiſoient dans les leurs de grande étenduë, fut mis en action, comme magicien & enchanteur. Il comparut au jour de l'aſſigna-tion, & amena avec luy ſes ſerviteurs, gras & forts, & ſes bœufs bien nourris. Il fit voir auſſi en pleine Audience, ſa charuë, ſes herſes, & tous les inſtrumens du labourage en bon état. Puis il dit aux Juges, voilà, Meſ-ſieurs, une partie de mes ſortileges & de mes charmes ; car pour les autres qui ſont mes ſoins, mes veilles & mes ſueurs, je ne les puis faire paroître devant vous. M. de la Fontaine, en la Fable du Cerf, que les valets avoient laiſſé dans l'écurie, & que le maître faiſant la ronde y découvrit, dit agréable-ment,

D iij

Ses larmes ne sçauroient le sauver du trépas,
On l'emporte, on le sale, on en fait maint repas,
Dont maint voisin s'éjoüit d'être :
Phedre sur ce sujet dit fort élegamment,
Il n'est pour voir que l'œil du Maître,
Quant à moy j'y mettrois encor l'œil de l'Amant.

****

Crier Haro, *crier* tolle *sur quelqu'un.*

ON dit cela d'une personne extrémement odieuse, & qui a fait quelque méchante action. La derniére façon de parler est tirée, de ce que les Juifs dans leur rage aveugle, disoient contre Nôtre Seigneur, *tolle, crucifige.* Pour la clameur de Haro, que l'on appelle *Quiritatio Normanorum*, tous sont d'accord, comme le dit nôtre Godefroy, que l'origine en est fondée sur l'integrité de nôtre premier Duc Roul, ou Rollo, vivant du régne de Charles le Simple, environ l'an 912. si grand Justicier, que de son temps, les laboureurs laissoient leurs charuës & semences au bout du champ ; & leurs maisons ouvertes, pour l'asseurance qu'ils avoient en sa grande probité, & diligence à faire punir les malfaicteurs; de sorte, qu'au témoignage de nos vieux Historiens, toute la Province ne sembloit qu'une famille. A cause de la grande Justice de ce Prince, ceux qui sont oppressés s'écrient, *Ha Roul*, comme l'appellant à leur ayde, &

comme voulant dire, *Ha Roul*, si tu vivois
encore, je ne serois pas exposé à cét outrage,
tu m'en ferois justice : Et quand on fait ce
cry , ou qu'on intente cette clameur sur
quelqu'un , soit pour crime , soit pour obli-
gation civile, il faut qu'il entre prisonnier,
& tous les présens & passans sont obligés
d'ayder à cela , pour ensuite aller devant le
Juge, & voir ordonner, si le Haro a esté bien
ou mal interjetté auquel dernier cas il y échet
de grands interests selon la qualité de l'affaire & des personnes. Nôtre Chronique dit,
que cette clameur fut pratiquée par un de nos
anciens Bourgeois, nommé Asselin , contre
le corps de Guillaume le Bastard, dont l'in-
humation fut arrestée, jusqu'à ce que Henry
son fils eust payé au pauvre homme, la valeur des heritages qui luy appartenoient, &
sur lesquels il avoit fait bâtir la Chapelle, où
il fut enterré. Baronius, en l'onziéme Tome
de ses Annales , rapporte là dessus ces paroles
de *Guilelmus Malmesburiensis*, qu'il met en la
bouche de cét Asselin. *Qui regna oppressit a-
mis , me quoque metu mortis oppressit : ego inju-
ria superstes pacem mortuo non dabo : in quem
infertis istum hominem locum, meus est : in alie-
num locum inferendi mortui jus nemini esse de-
fendo. Sin extincto tandem indignitatis authore,
vivit adhuc vis , Rollonem conditorem paren-
temque gentis appello , qui legibus ab se datis,
plus unus potest polletque.* Nôtre Roussel a excel-
lemment exprimé cette clameur Normande

dans son beau Poëme, à M. le Duc de Joyeuse, Gouverneur de Normandie.

Nam quæ justitiam Rollonis nesciat ora?
Illum fama vehit trans Calpen, transque recessus
Hesperios; illum Libycæ calcator arenæ
Et stupuit Tanaïs potor; nec sera vetustas
Gentibus eripiet sanctum per sæcula nomen,
Cujus adhuc post fata fidem per vota ciemus,
Et justas querulo clamore lacessimus umbras.

Il ajoûte, comme le croyant canonisé, & comme si on ne le regrétoit pas simplement en qualité de vertueux Prince, mais qu'on le dût invoquer en qualité de Saint :

Haud aliud toto præsentius Æthere Numen
Succurrit miseris: quam Princeps quisq; sequatur,
Prætulit ille facem : tu per vestigia magni
Vt Rollonis eas, petimus.

L'Epitaphe de ce Duc, enterré dans l'Eglise Nôtre Dame de Roüen, semble confirmer qu'il étoit invoqué comme Saint.

Dux Normanorum cunctorum Norma bonorŭ,
Rollo ferus, fortis, quem gens Normanica mortis
Invocat articulo, hôc jacet in tumulo.

Nous avons un village & une forest, nommée Roumare, à cause que le Duc Roul faisoit là pendre des bracelets & des aneaux d'or, que personne n'osoit prendre, tant étoit grande la justice que ce Prince exerçoit contre les larrons & les autres malfaicteurs. *Dum post venationem in sylvam, quæ imminet alveo Sequanæ, juxta Rothomagum, stipatus obsequentium turmis concederet, sedens super locum, quem usu quotidiano loquendi Maram vocamus, armillas aureas in quercu pependit, quæ per tres annos, ob timorem ipsius, intacta ibidem fuerunt : & quia juxta Maram illud factum memorabile fecit, ideò ista sylva usque in hodiernum diem, Rollonis Mara vocatur.* Ce sont les termes de l'un des vieux Historiens de Normandie.

✱✱

Lécher cét Ours.

C'Est à dire, retoucher cét Ouvrage, l'achever, luy donner sa perfection. Cela est fondé sur ce que l'on dit, que l'Ours est le seul de tous les Animaux, qui naist enveloppé de ses membranes, que la mere luy oste à force de les lécher : ce qui a fait croire à plusieurs, que cét Animal n'est d'abord qu'une chair informe, & qui ne se forme, & ne se figure que par la langue de l'Ourse. Mais nôtre d'Alechamp môntre que cela est faux, par l'anatomie qu'il en fit faire d'une, où il vit cinq petits Ours, avec toutes leurs parties tres achevées, & tres distinctes ; les Grecs disent λιχμᾶσθαι en cette signification. *Oppien, l. 3.* ἄρκτος λιχμῶσα παῖδας, & ailleurs, λιχμάταις γλώσσῃ φίλον γόνον.

Ὡς ἄρκτος λιχμῶσα φίλους ἀνεπλάσατο παῖδας. Pline dit la mesme chose. Et Ælien ᾗ ἄρκτος τίκτει σάρκα ἄσημον ; εἶτα τῇ γλώτῃ

μορφοῖ αὐτὸν, κ) οἱονεὶ δ]α τολάιτει. Ovide en
la fin de ses Metamorph.

Nec catulus, partu quem reddidit ursa recenti,
Sed malè viva caro est, lambendo mater in artus
Fingit, & in formam quantam capit, ipsa reducit.

****

Il a l'œil au bois.

CEla se dit d'un homme qui craint
d'estre surpris, parce que les embûches
se dressent ordinairement dans les bois.

****

Plumer la barbe d'un Lyon mort.

LEs Latins ont dit, *Leoni mortuo barbam*
vellere. Et les Grecs νεκρὸν σῶμα λέοντες
ἐφυβρίζουσι λαγωοί. Il n'y a que les foibles, &
les ames basses, qui sévissent contre les
morts & les indéfendus.

Corpora magnanimo satis est prostrasse Leoni,
*   Pugna suum finem, cùm jacet hostis, habet.*
At lupus, & tristes instant morientibus ursi,
*   Et quæcunque minor nobilitate fera est.*
Dans l'Anthologie, liv. 1. ch. 5. vous lisés
cette Epigramme, qui porte pour titre, *Qua*
dixit Hector, cum mortuus confoderetur à Græcis.
Figite nunc Graÿ nostrum post funera corpus,
Et lepus exanimi nam vellicat ora Leonis.

✱✱

Les Dieux ont des pieds de laine, & des bras de fer.

POur dire que Dieu semble vouloir quelquefois se justifier devant les hommes, de sa lenteur à punir les méchans, par la pesanteur des châtimens, qu'enfin il leur fait souffrir. C'est ce que les Grecs ont ainsi dit, ὀψὲ θεῶν ἀλέουσι μύλοι, ἀλέουσι δὲ λεπτά. C'est ce qu'on représente encore par la comparaison d'un canon, qui ne se traîne, & ne se plante sur la baterie, qu'avec bien du temps & de la peine, mais quand il vient une fois à tirer, il cause des ruines épouventables.

I'exprimay cela autrefois dans un tableau du Deluge, que j'avois ainsi commencé,

Expectata Noæ longos prædicta per annos
Illuxit suprema dies, quâ Numine læso
Impia gens meritas solvit pro crimine pœnas:
Quæque Dei dudum vestigia lanea risit,
Ferrea contempta sentit nunc pondera dextra:
Sic dura est, quæ lenta fuit; sic Judicis ira
Compensat gravitate moras: ceu murmure longo
Cùm tonuit, crebrisque incanduit ignibus Æther,
Excelsas rapidis fulmen quatit ictibus ornos.

Et Claudien, pour se tirer de l'embarras, où le mettoit la prosperité des méchans, & les tourmens des gens de bien, conclut ainsi,

Abstulit hunc tandem Ruffini pœna tumultum,

Absolvitque Deos. Jam non ad culmina rerum
Injustos crevisse queror ; tolluntur in altum,
Vt lapsu graviore ruant.

****

Hardie langue, coüarde lance.

Ontre les fanfarons, que les Latins appelloient *Thrasones*, tels qu'Ajax décrit
Ulisse.

Tutius est igitur fictis contendere verbis,
Quàm pugnare manu ; sed nec mihi dicere prom-
ptum,
Nec facere est isti ; quantumque ego Marte feroci,
Inque acie valeo, tantùm valet iste loquendo.

Tel étoit encor Drances dans l'onziéme de
l'Æneïde. *Melior linguâ, sed frigida bello dextera.*

****

Garder quelque chose pour la bonne bouche, ou pour faire la bonne bouche.

Est à dire, réserver pour la fin ce qu'on
croit estre le meilleur, ou le plus agrea-
ble ; façon de parler, tirée de ce qui se pratique aux festins, où le dernier service est de
confitures. Ε᾽υϛομα, dit Saumaise, *Græcis pro-*
priè, quæ odoris jucunditatem ori conciliant, quæ
nos bonum os facere dicimus. Voyés-le en ses
Exercitat. sur Solin. p. 1037.

C'est

*********************** *****************

C'est un palais d'Apolidon, c'est un palais enchanté.

CEla se dit, quand on veut exprimer un bâtiment superbe, & un lieu delicieux. Apolidon fut Empereur de Constantinople, l'un des meilleurs Chevaliers de son temps, & qui outre les autres sciences, étoit fort expert en l'art de Nigromancie. Il se retira en une Isle, où il fit un palais magnifique, & des jardins merveilleux, dont il faut voir la description au 2. liv. d'Amadis. C'étoit en ce palais qu'entr'autres choses, on voyoit l'arc des loyaux Amans; l'arc, c'est à dire, la voute ou l'arcade, au dessus de laquelle paroissoit une grande statuë de cuivre, tenant un cor en main, & qui rendoit un son melodieux, quand des Amans fidéles passoient par dessous cette voute: mais quand ils étoient infidéles, elle jettoit feu & fumée, & faisoit un bruit effroyable, & par là repoussoit les perfides. Cela s'appelloit éprouver l'arc des loyaux Amans: Amadis & quelques autres entrérent dessous l'arc, & en sortirent à leur honneur. Cette fiction à quelque chose de semblable à celle qu'on voit au commencement du 8. liv. des Amours de Leucippe & de Clitophon, où l'Autheur conte au long la Fable du Dieu Pan, & de la Nymphe Syrinx, & parle là d'un cer-

E

tain antre, où pendoit une flûte, qui rendoit un son doux ou desagréable, selon que celles qui y entroient, avoient conservé ou perdu leur virginité.

****

Maille à maille se fait le Haubert.

POur dire que peu à peu les affaires se font, & que l'on parvient à sa fin ; à cause que le Haubert étoit fait de mailles jointes & passées l'une dans l'autre. Voyés du Fauchet en son Traité des Orig. des Dign. de France, page 65.

****

Aller ou pousser jusqu'à Quia.

C'Est à dire, estre réduit à l'extremité, pousser à bout. Clement Marot en son Epitre au Roy.

De trois jours l'un, viennent taster mon poux,
Messieurs Braillon, le Coq, Akakia,
Pour me garder d'aller jusqu'à Quia.

Peut-estre cela est-il pris de ces disputes de l'Ecole, où un soûtenant étant pressé, & ne sçachant plus que dire : il repete souvent qu'il y a une grande raison de difference *Quia Quia,* sans alleguer autre chose. M. du Plessis commença par ces mots, l'epitre dedicatoire d'un gros Livre qu'il fit en sa vieillesse. *Sire, A qui à l'âge de* .... Ce qui fit dire aux Catholiques goguenards, qu'il étoit réduit *à quia.*

****

Il vaut mieux bonne renommée, que non pas ceinture dorée.

ANciennement il n'y avoit que les Nobles, & particuliérement les Chevaliers & leurs femmes, qui eussent permission de porter de l'or & des dorures. Et parce que la vertu a dû estre toûjours plus estimée que les richesses : les simples Demoiselles vertueuses, qui étoient plus considerées, que beaucoup de celles qui, en qualité de Dames, avoient permission de porter la ceinture d'or, donnerent lieu à ce Proverbe, qu'il vaut mieux ..... Voyés le mesme du Fauchet. Le Sage dans ses Proverbes, ch. 22. ℣. 1. *Melius est nomen bonum, quàm divitiæ.*

****

Franc comme Ozier.

UN homme franc, c'est à dire, qui a de la candeur, de la facilité, de la franchise, bon, commode, dont on se peut ayder aussi facilement, comme l'on peut fendre l'ozier, sans y rencontrer de nœus, ni que l'on fasse

d'éclats, ainfi appelle & dit-on du bois franc.
Dans une vieille Balade, la Dame dit à fon
fervant,

Car de mon cœur, qui eſt franc comme oẑier,
Me ſuis donnée à vous paiſiblement.

    Et dans Voiture.

Il reſte à vous parler du pere,
Qui ne vaut pas moins que la mere.
Le fier & brave Montauſier,
Dont le cœur eſt franc comme oẑier.

    Ou bien l'oẑier eſt appellé franc, parce
qu'on le plie plus aiſément, qu'aucun autre
bois, d'où vient qu'on l'appelle *lentum vimen.*

****

Bailler le bout de la ceinture.

C'Eſt à dire, faire ceſſion ou banqueroute,
parce qu'autrefois on portoit la bourſe
attachée à la ceinture. *Tu qui Zonam non ha-*
bes, quid in hanc veniſti urbem ? c'eſt à dire,
toy qui n'as point d'argent, que viens-tu chercher à la Ville ? Plaute *in Pœn. Act. 5. ſc. 2.*
Dans les bons Autheurs, *Zonam perdere,* c'eſt
perdre ſa bourſe, & en quelque endroit de
ce meſme Plaute, *Zonarius ſector,* un coupeur
de bourſe. Celuy donc qui vouloit s'éjoüir des
létres de ceſſion, devoit comparoître en jugement, & là jurer la teſte nuë, qu'il ne faiſoit
point ceſſion pour frauder ſes créanciers, auf-
quels il declaroit quitter tous ſes biens, & pour

cét effet, il leur bailloit sa ceinture. Voyés Godefroy sur la Coûtume de Normandie, p. 111. & Ragueau dans son Indice.

¶✱✱✱✱✱✱✱✱✱✱✱✱✱✱✱✱✱✱✱✱✱✱✱✱✱✱✱✱✱✱✱✱✱✱✱✱✱✱

Donner le chapelet.

SE prend pour marier, à cause que l'on met ordinairement sur la teste des nouvelles mariées, je dis des personnes de peu de condition, un chapelet de romarin. Et nôtre vieille Coûtume porte, qu'un pere peut marier sa fille d'un chapeau de roses, c'est à dire, ne luy bailler rien que son chapelet ; mais quelquefois on dit aussi donner le chapelet, pour dire donner le prix à quelqu'un, parce qu'on donnoit la couronne ou le chapelet aux vainqueurs. Froissard, Vol. 1. ch. 167. *Le Prince de Galle parlant à nôtre Roy Jean son prisonnier, de la valeur qu'il avoit témoignée à la bataille de Poictiers, je ne le dis mie, cher Sire, pour vous loüer, car tous ceux de nôtre partie qui ont vû les uns & les autres, se sont par pleine conscience à ce accordés, & vous en donnent le prix & chapelet.* La couronne est appellée chapelet, diminutif de chapeau, *quòd capiti imponeretur.*

Faire les Rois avec quelqu'un.

CHanter le Roy boit, faire bonne chére le jour de la feste des Rois. Pollux, au l. 9. où il parle des jeux, & des divertissemens des festins, en met un entr'autres, qu'il nomme *Basilinda*, où celuy qui est éleu Roy, commande à tous les autres de la compagnie, comme étant tenus de luy obeïr. Pasquier prétend, que cette solennité est une superstition émanée du Paganisme, parce qu'en ces festins, on mettoit autrefois, & je l'ay encor vû pratiquer, un enfant sous la table, qui representoit Apollon, & auquel on demandoit, à qui des conviés on donneroit chaque morceau du gasteau coupé, comme si là dessus on eust consulté l'Oracle. On parloit à cét enfant en ces termes, *Phœbe*, il répondoit *Domine*. Tout le monde sçait le reste de la cérémonie, dont Thomas Neagorgus en son liv. 4. que j'ay vû manuscrit à Cantbrige, discourt fort au long. J'en ay tiré ces Vers suivans, qui marquent qu'au lieu de féve ou de pois, on mettoit autrefois une petite piéce d'argent dans le gasteau, & qu'on ne parloit pas simplement alors de part à Dieu, comme on dit aujourd'huy, mais qu'il y avoit aussi chacun une part pour JESUS-CHRIST, pour la Vierge, & pour les trois Rois, ou Mages.

Venit hinc lux alma Magorum ,
Qui procul ex Persis nato donaria Christo
Stellâ portarunt duce : Reges hosce fuisse ,
Et tres duntaxat , dispersa est undique fama.
Conveniunt igitur multi certique sodales ,
Atque creant aut sorte, aut per suffragia Regem,
Qui creat inde sibi regali more ministros.
Tum convivantur, multis luduntque diebus
Largè, continuásque trahunt ex ordine mensas,
Dum loculi vacui fiant , & creditor instet.
Horum etiam pueri confestim exempla sequuntur,
Et Rege electo mensas pompásque frequentant,
Vel nummis furto raptis , sumptúve parentum,
Vt simul & luxum discant scelerataque furta.
Hâc etiam luce ædium herus, comisque patronus,
Quisque facit magnam pro opibus cœtúque pla-
*   centam ;*
Vnum cui nummum, simul ut conspergitur, indit.
Hanc secat in multas, ut turba domestica suadet,
Particulas, datque uni unam cuique: attamen istâ
Lege, suas habeant puer ut, Virgoque, Magique,
Quæ dein Pauperibus sub eorum nomine dantur.
Ast omnes inter cui pars fors obtigit illa,
Quæ nummum retinet, rex ille agnoscitur, & mox
Tollitur à cunctis clamore ad sidera magno.

Tacite parle de ces Rois des festins au l. 13.
de ses Annales. *Festis Saturno diebus, inter aliæ*
æqualium ludicra , regnum lusu sortientium ,
evenerat ea sors Neroni. Igitur ceteris diversa,
nec ruborem illatura ; ubi Britannico jussit exur-
geret , progressusque in medium cantum aliquem
inciperet , irrisum ex eo sperans pueri sobrios

quoque convictus, nedum temulentos ignorantis.
Ille constanter exorsus est carmen, quo evolutum
eum se de patriâ, rebusque summis significaba-
tur . . . . .   Sur quoy Lipse cite divers passages
d'Arrien, de Lucien, & des autres, qui parlent de ces Rois faits au jeu des dez, & qui
avoient droit de commander tout ce qui leur
plaisoit : *huic ut turpe aliquid de se ipso voci-*
feretur ; illi, ut saliat nudus, utque sublatâ in
humeros tibicinâ, ter domum circumeat, comme
il se voit dans Lucien, au Dial. des Saturnales.
Un de nos Compatriotes, sur ce qu'on luy demandoit conte de son voyage de Dannemarc,
répondit plaisamment, qu'il n'y avoit rien vû
de singulier, sinon qu'on y chantoit tous les
jours, *le Roy boit* ; marquant par ces mots, l'inclination Bachique du Prince, qui régnoit
alors en ce païs là.

****

Il est Normand, il a son dit
& son dédit.

C'Est tres-injustement qu'on veut tourner
en reproche de manque de parole & d'in-
fidélité, une liberté que nôtre vieille Coûtume
donnoit, d'annuler ou de ratiffier un contract
dans les vingt-quatre heures de sa confection.
Voicy ce qu'en dit Papyrius Masso, en sa Description de la France par les fleuves. *Postremò*
Aucum nõ longè ab Oceano adhuc Normanicũ est,

cujus populos callidos cautosq; esse naturâ cognitum est, nec subjici velle moribus aut legibus ullius gentis, & morum suorum observantissimos custodes esse. Intra viginti quatuor horas licet eis ab eo, quod dixerint promiserintve, impunè discedere. Eosdem ego ingeniosos ad percipiendas bonas artes, & scientias prædico. On fait un conte plaisant d'un étranger, qui en priant Dieu, disoit, tu nous l'as promis, Seigneur, de nous assister dans nos tribulations, tu ne t'en dediras point, car tu n'es pas Normand.

✱✲✳✱✲✳✱✲✳✱✲✳✱✲✳✱✲✳✱✲✳✱✲✳✱✲✳✱✲✳✱✲✳✱✲✳✱

Passer la plume par le bec.

CEtte façon de parler a sans doute esté prise de ce qui se pratique à la campagne par les paisans, qui passent effectivement une plume par le bec des oyes & des canes, quand ils les veulent empescher de couver. Un grand homme croit, que cela se dit par allusion, à ce que les Clercs & Ecoliers, qui sont encore niais, portent souvent leur plume à la bouche, en sorte que les deux bouts paroissent ; & ceux qui les veulent déniaiser, la tirans par le bout d'enhaut, leur barboüillent d'encre la bouche & les lévres.

❋❋❋❋❋❋❋❋❋❋❋❋❋❋❋❋❋❋❋❋❋❋❋❋❋❋❋❋❋❋❋❋

Il est bien aisé aux sains de consoler les malades.

Terence *in Andriâ.*
    Quoniam id fieri, quod vis, non potest : velis
        id, quod possis.
Facilè omnes cùm valemus, agrotis recta con-
    silia damus.

❋❋❋❋❋❋❋❋❋❋❋❋❋❋❋❋❋❋❋❋❋❋❋❋❋❋❋❋❋❋❋❋

Il ne voit que ce qui est devant ses pieds.

LE mesme Terence, *in Andriâ.*
    Istuc est sapere, non quod antè pedes modò est
videre, sed etiam qua futura sunt
Prospicere.

❋❋❋❋❋❋❋❋❋❋❋❋❋❋❋❋❋❋❋❋❋❋❋❋❋❋❋❋❋❋❋❋

Dire ou conter fleurétes.

AUtrement dire des douceurs, flater, ca-
resser. Dans Plaute *in Pœnulo.* Act. 1.
sc. 2.
Obsecro herclè, ut mulsa loquitur. Nihil nisi
    laterculos
Sesamum, papaveremque, triticum, & frictas
    nuces.

Qui font tout autant de chofes douces. Et dans Ariftophane, *in Nubibus.* Act. 3. fc. 2. ῥόδα ἔπεσιν, *rofas loqui.* En fens contraire, le mefme Plaute a dit, *in Aululariâ, lapides loqui,* pour dire parler rudement, ou durement.

****

Laiffer aller le Chat au fromage.

SE dit des Bergerétes, qui fe laiffent quelquefois tomber fur la feugére. Dans l'Autheur des myftéres de la Religion en vers.

Bergeres brunétes font raige,
Bergeres ayment d'amour parfaite,
Et laiffent aller de couraige,
Quand humainement on les traite,
Bien fouvent le chat au fromage.

M. Voiture écrivant à une Abbeffe, qui luy avoit donné un chat : il n'y a point, dit-il, " de chat feculier qui foit plus libertin que luy. " I'efpere pourtant que je l'arrefteray par le bon " traitement que je luy fais ; je ne le nourris " que de fromages, & de bifcuits. Peut-eftre, " Madame, qu'il n'étoit pas fi bien traité chez " vous, car je penfe que les Dames ne laiffent " pas aller les chats au fromage, & que l'aufté- " rité du Couvent ne permet pas qu'on leur " faffe fi bonne chére. "

****

Ce n'est pas jeu de passe-passe.

CE n'est pas illusion, ni moquerie. Passe-passe, dit Nicot, *præstigium* : joüeur de passe-passe, *pilarius præstigiator*. Alain Chartier dans le Miroir de la Mort.

De raconter mon infortune,
Il est force que je m'en passe,
C'étoit douleur non pas commune,
Dieu en gard chacun & chacune,
Combien que c'est la droite passe,
Ce n'est pas jeu de passe-passe,
Car on s'en va sans revenir,
Dieu nous y laisse bien venir.

Cela est pris des joüeurs de gobelets, qui en faisant semblant d'avaler quelque chose, ou faisant quelque autre tour, ont toûjours en la bouche ces mots, *passe-passe.*

****

Iuges de dessous l'orme : Sergeants dangereux.

JUges de dessous l'orme, c'est à dire, petits Juges de village, qui n'ont point de tribunal, en Latin *Pedanei Iudices*, en Grec Χαμαιδικασταὶ, qui tiennent leur Jurisdiction la plûpart du temps devant la porte du manoir Seigneurial,

gneurial, & ſous quelque orme, cheſne, ou autre arbre. Voicy ce que l'Oyſeau en dit au chap. 10. de ſon Traité des Seigneuries. La « porte eſt priſe dans l'Ecriture pour l'audi- « toire des Juges, parce que c'étoit là que les « Juifs rendoient la juſtice. Ainſi en France, la « juſtice de la Maiſon du Roy s'éxerçoit ancien- « nement à la porte de ſon Palais, & s'appelloit « les pleds de la porte: & il ſe voit cômunément, « que les Juſtices des Seigneurs ſe tiennent à la « porte de leur maiſon, d'ordinaire ſous quel- « que orme qui s'y trouve planté, pourquoy les « Juges de village ſont communément appel- « lés Juges de deſſous l'orme. Et l'antique « Comédie de Querolus, dit que, *de robore ſen-* « *tentias dicunt*, & ſont dits Juges de ſous l'orme, « *ad differentiam majorum judicum, qui habent* « *juſtum tribunal.* Dans quelques autres Coû- « tumes ils ſont appellés ſimples voyers, parce « que n'ayans point d'auditoire fait exprés, ils « rendent la Juſtice en la voye.

Sergeans dangereux, ſont ainſi nommés, non pas à cauſe de ce qu'on dit ordinairement, qu'un Sergeant eſt une dangereuſe ou mé- chante beſte ; d'où vient que les Interprétes expliquans la parabole de l'Evangile, diſent, que par les deniers qui ſont deubs, il faut en- tendre le péché, & par le Sergeant, le diable. Mais comme il y a des Sergeans de la taille, d'autres du ſel, d'autres des eaux & foreſts; auſſi y en a-t-il qui ont charge de faire payer les droits du tiers & danger deubs au Roy,

F

fur quantité de forefts en France, & particuliérement en Normandie. Ces droits confiftent au tiers du prix, & puis au dixiéme ou danger, fur le tout des bois vendus par le Seigneur trefoncier; & ces droits fe payent, ou en argent, ou en effence. Par exemple, de dix acres de bois expofés en vente, le Roy prendra pour fon tiers, trois acres une vergée, treize perches & huit pieds; & pour fon danger ou fa dixme, car c'eft là mefme chofe, une acre. Or il y a des bois qui ne font fujets qu'à tiers fans danger, & d'autres à danger fans tiers. Voyés les Ordonnances de Louys Hutin, & de Charles VI. rapportées par nôtre Terrien, p. 613. & fuivantes. Voyés fur tout Béraut, qui en a fait un Traité exprés. Ce mot de danger pris pour dixme, vient vray-femblablement du Latin *denarius, deniarius,* danger.

❊✷✷✷✷✷✷✷✷✷✷✷✷✷✷✷✷✷✷✷✷✷✷✷✷✷✷✷✷✷✷✷✷✷✷✷✷✷✷✷

Parler pair.

CE qu'on dit autrement parler jufte, parler avec fincerité, fans équivoque, répondre formellement & précifément à la demande. Les Grecs ont dit en pareil fens ἀρτιάϛειν. Cela eft pris ou de l'integrité & perfection du nombre pair, ou de ce jeu que les Romains nommoient *par impar,* & les Grecs ἀρτιασμὸν, dont Ariftophane, *in Pluto,* Horace, & les autres parlent; lors qu'ayant pris

quelques piéces de monnoye dans la main,
l'un demande, que prenés-vous ? sur quoy
l'autre est obligé de répondre précisément,
je prens pair, ou bien je prens non, sous-
entendant pair.

Ædificare casas, ploStello adjungere mures,
Ludere par impar, equitare in arundine longâ.

****

Faire la barbe à quelqu'un, luy faire le poil bien court.

C'Est le mépriser, l'affronter, l'insulter,
le réduire au petit pié. On sçait les Vau-
devilles, qui furent faits sur le retranchement
des barbes, sous le ministére du Cardinal de
Richelieu.

Vous estés aussi rasé
A la mode de la Cour,
Car l'on vous fait le poil bien court.

Une longue barbe a toûjours esté vénéra-
ble, d'où vient que ce couplet fut fait pour
feu M. de la Force.

C'a Monsieur de la Force,
Que je vous la fasse aussi,
Helas! Sire, mercy,
Ne me la coupés pas,
Plus ne me connoîtroient vos Soldats.

Les anciens Philosophes, & nos anciens Preux
l'affectoient, & ceux-cy la parsemoient de pa-

pillotes d'or , comme nous l'apprenons de nos vieux Autheurs. Dans la Chronique de Louis XI , autrement la Chronique scandaleuse , « vous lisés ces mots. Ainsi habillé & étendu « qu'étoit le Duc de Bourgogne aprés sa mort, « le vint voir M. de Lorraine vêtu de dueil , & « avoit une grand barbe d'or , venant jusqu'à « la ceinture, en signification des anciens Preux, « & de la victoire qu'il avoit sur luy euë : Et à « l'entrée dit ces paroles , en luy prenant l'une « des mains, *vos ames ait Dieu , vous nous avés* « *fait moult de maux & doulours* ; & à tant vint « prendre l'eau benoiste , & en jetta sur le corps..... Nous avons encore aujourd'huy des Ordres de Religieux à longues barbes.

Magna fuit quondam capitis reverentia cani,
   Inque suo pretio barba senilis erat.

Le serment ordinaire de Charlemagne étoit, *je jure par saint Denis , & par cette barbe qui me pend au menton.* De sorte que de prendre un homme par la barbe , la couper, ou la tirer, étoit un acte d'un signalé mépris. Et l'on sçait comme quoy David fit une justice exemplaire des Ammonites, qui avoient fait raser ses Ambassadeurs. Les Latins ont dit *barbam vellere* en pareil sens. Horace serm. l. 1. *Barbam tibi vellunt lascivi pueri.* Perse *Idcircò stolidam præbet tibi vellere barbam Juppiter.*

Au reste , parmy les Romains on mettoit une barbe d'or aux statües des personnes qu'ils vouloient honorer extraordinairement.

Le mesme Perse. Sat. 2.

Præcipui sunto, sitque illis aurea barba.

Dans le Roman de Huon de Bourdeaux, entr'autres choses à faire pour affronter l'amiral Gaudisse, on ordonna au pauvre Chevalier Huon, de ne rentrer point en France, qu'il n'eust esté luy arracher la barbe, & quatre dents mascheliéres ; ce qu'il fit enfin avec l'ayde d'Oberon le Fé, son ami loyal, mais non pourtant sans maint coup ferir. De barbe on fait barbet, un chien à moustache. Et barbe est une espéce de gasteau qu'ils font à Roüen en forme de barbe, comme nous en faisons icy en forme de fer à cheval, que nous appellons fers-adent, & comme ils en font à Diépe en forme de jatte fort creuse, & qu'ils appellent gattecofve, car coffe & cofin, se prend pour creux. De barbe on en fait aussi barbute, espéce de couverture de teste ; tantost pour la guerre, tantost pour les voyages, parce qu'elle couvroit le menton, que les Italiens appellent barbota. Barbute aussi ou barbote, étoit une sorte de vaisseaux & navires, dont parle Mathieu Paris, & qui étoient ainsi nommés, *quia navium illarum rostra ferrata barbam referebant.* Voyés VVatsius & Vossius : de ce mesme mot, nous avons aussi formé celuy de barbuquet, pour exprimer une petite blessure, écorchure, ou gale, qu'on a au menton ; dont il est parlé dans la liste des taxes des amendes, qui fut faite en l'Echiquier de Pasques, tenu à Roüen l'an 1406. Car vous trouvés dans le Titre, des dégrés & diverses maniéres d'injures réelles. *D'un coup de poin,* 12. *deniers; d'un coup de poin avec pierre,* 5. *sols; d'un coup de paume,* 53. *de burguer sans choir,* 5. 3. *de heurter à poin clos,* 5. 3. *d'un barbuquet,* 5. 3. *de cracher au visage,* 5. 3. . . . . . Voyés Terrien sur la Coûtume de Normandie, p. 491. Beurguer, que nôtre Peuple dit bieurguer, c'est heurter, poußer, *arietare.* Pour barbe, signifiant un cheval, & Barbe, nom propre, ils viennent de *barbarus, barbara.* Nicoles Giles parlant de l'entrée de Henry Second, à Lyon: Grand fut, dit-il, le nombre des chevaux Turcs, genets, & barbares. Et Sainte Barbe qui souffrit le martyre sous Maximin, est appellée dans le Martyrologe Romain, *Sancta Barbara;* & la porte, Sainte Barbe, dans M. de Thou, *porta Barbarana.*

※※※※※※※※※※※※※※※※※※※※※※※※※※※※※※※※※※※

Soleil qui luisarne au matin; femme qui parle Latin; & enfant nourry de vin, ne viennent à bonne fin.

R Onsard a dit dans quelqu'un de ses Poëmes.

Mais trop plus est à craindre une femme clergeße, Sçavante en l'art d'amour, quand elle est tromperɛße.

Sur quoy Belleau commente ainsi, Qu'on

se donne bien de garde de se mètre au service d'une Dame, rusée, vieille, & de trop
subtil esprit, étant la présente ruine d'un jeune
homme, de languir si long-temps dessus les
froides cendres d'une vieille amoureuse ; &
principalement, quand elle fait de la cler-
gesse, & de la sçavante. Une simple Péné-
lope vaudroit mieux, *quæ tantùm lanas non*
sinit esse rudes. Martial dans les souhaits qu'il
fait en l'Epigramme 90. du Liv. 2. n'oublie
pas que Dieu le garde d'une femme docte,

Sit mihi verna satur, sit non doctissima conjux,
Sit nox cum somno, sit sine lite dies.

****

Les effets sont mâles, & les paroles femelles.

POur dire ce qu'Ajax disoit à Ulysse,
Non opus est verbis, tantùm spectemus agendo.
Contre ces Thrasons pronts de la langue, & lents de la main. Voyés cy-dessus,
hardie langue, coüarde lance. Cela se dit aussi
contre ceux qui font cent complimens & pro-
testations d'amitié, mais sans rendre nul service. L'infirmité naturelle & ordinaire des
femmes, & la force des hommes ont fait que
dans la plûpart des langues, le mot de mâle
ou viril, a esté employé pour fort, & celuy de
feminin, pour foible. Florus a dit de nos anciens Gaulois, que leurs premiers efforts

étoient plus que d'hommes, & leurs derniers
moindres que de femmes. Ce qui a fait que
la plufpart des Nations belliqueufes , ont
réputé à honte, de fouffrir leur domination.
Et du Tillet remarque en quelque endroit,
que les Hongrois pour cacher un peu cette flé-
triffure, que la Loy du païs leur faifoit, appelloient leur Reine, le Roy Marie. Nous avons
vû dans nôtre fiécle un Roy pacifique, eftre
nommé le Roy Elizabet, & une Princeffe guerriére fe nommer, la Reine Jacques. Cepen-
dant l'Hiftoire facrée & profane nous four-
niffent divers exemples de grandes Reynes,
qui n'ont en rien cedé aux plus grands Rois,
foit en valeur ; foit en fageffe & fçavoir. Auffi
le docte M. Bochart, a-t-il remarqué, qu'en
la Langue Sainte , la terminaifon feminine
marque de la grandeur & de l'excellence, &
que c'eft celle du mot qui fignifie le Soleil ;
ce qui a fait qu'on la pris pour la Lune, quand
on a traduit dans Jerémie, que les Idolâtres
facrifioient à la Reyne des Cieux ; car l'origi-
nal porte qu'ils facrifioient au Soleil. Et en
effet, c'étoit ce bel aftre qui attiroit autrefois
tant d'adorateurs , & qui meriteroit plus,
qu'aucune autre créature, qu'on luy rendift
un culte religieux , s'il étoit permis d'en rendre à d'autre qu'au Créateur. Pour revenir
aux Dames, nôtre Malherbe a dit à leur honneur, que Dieu n'avoit fait que deux bonnes
chofes ; les femmes & les mélons ; & deux
belles ; les rofes & les femmes ; & qu'on lifoit

bien, qu'il s'étoit repenti d'avoir fait l'Homme, mais que nous ne lisions point, qu'il se
fust repenti d'avoir fait la Femme. On a
remarqué encore une chose, touchant le pouvoir que les femmes doivent avoir sur les
hommes, c'est que dans cette parabole de
l'Evangile, où nous est dépeinte nôtre resistance naturelle à la vocation de Dien, quand
de la part du Maître on invite de venir, celuy
qui avoit acheté une maison, il répond civi-
lement ; *J'ay acheté une maison aux champs,*
& il faut que je l'aille voir, je supplie le Seigneur
de m'excuser. Lors qu'on vient à celuy qui
avoit acheté des bœufs, il répond encore avec
honnesteté ; *J'ay acheté cinq couples de bœufs,*
& je m'en vas les éprouver, je supplie le Seigneur
de m'excuser. Mais quand on s'adresse à celuy
qui étoit nouveau marié ; il répond brusque-
ment, sans faire d'excuse, ni garder de mesu-
res ; *J'ay épousé une femme, & je n'y puis aller;*
comme se sentant retenu avec plus de violence, & attaché par des liens plus forts. En
effet, Adam avec toute sa pureté & son inno-
cence, Salomon avec toute sa sagesse, & San-
son avec toute sa force, n'ont-ils pas ressenti
le pouvoir absolu & la douce tyrannie, qu'une
personne aymable exerce sur les cœurs. Seneque le Tragique parlant de Hercule,

Fortem vocemus, cujus ex humeris leo
Donum puellæ factus, & clava excidit,
Fulsitque pictum veste Sidoniâ latus :
Fortem vocemus, cujus errantes coma

Maduêre nardo, laude qui notas manus
Ad non virilem tympani movit sonum,
Mitrâ ferocem barbarâ frontem tegens.

****

Chapeau ou chapel de Roses.

C'Est un petit mariage, car quand on demande ce qu'un pere donne à une fille, & qu'on veut répondre qu'il donne peu, on dit qu'il luy donne un chapeau de roses. Nôtre vieille Coûtume porte, qu'un pére & une mére peuvent marier leur fille d'un chapeau de fleurs, de meuble sans heritage, ou d'heritage sans meuble, & que si rien ne luy fut promis lors de son mariage, rien n'aura. *Lex dura, sed scripta.* Et au reste, la cruauté apparente de cette loy est justifiée par la considération que le Legislateur a euë, qu'il n'est point d'affection qui surpasse la tendresse paternelle, & qu'ainsi il n'est pas à présumer, que les péres ni les méres fassent rien au préjudice de leurs enfans ; au contraire, cette tendresse naturelle, *præsumitur semper capere salubrius consilium in favorem liberorum,* comme parle le Jurisconsulte, *l. Nec in eâ. ff. Ad leg. Jul. de Adulter.* D'ailleurs, il n'est pas juste, que les filles, qui sont la fin de leurs familles, soient considerées comme les garçons, qui en sont le soûtien. Au reste, qu'un chapel ou chapelet de roses soit convenable aux ſouvelles mariées, perſonne n'en doute : les fleurs en général , & les roſes particuliére-ment étant conſacrées à Venus, aux Graces & à l'Amour.

****

Nager en grande eau; nager en baſſe eau.

C'Eſt eſtre avocat en une Cour Souve-raine, étudiant en une fameuſe Univer-ſité , marchand en une groſſe Ville. C'eſt quelquefois boire à plein verre, de bon vin, ou de l'eau de la fontaine d'Hippocréne, com-me Marot le dit en ce Rondeau, qu'il adreſſe à Eſtienne Clavier.

Pour bien loüer & pour eſtre loüé,
De tout eſprit tu dois eſtre alloüé,
Fors que du mien, car tu me plus que loües :
Mais en loüant plus hauts termes aloües,
Que la ſaint Jean, ou Paſques, ou Noé.

Qui noüe mieux, répons ou C. ou E.
I'ay juſqu'icy en eau baſſe noüé,
Mais dedans l'eau caballine tu noües
          Pour bien loüer.

C. c'eſt Clement contre chagrin cloüé;
E. eſt Eſtienne éveillé enjoüé:
Mais en droit moy tu fais cygnes les oües,
Quoy que de los doives eſtre doüé
          Pour bien loüer.

Il paroîst par là, que Clement Marot étoit dans l'erreur de Jean le Maire, qui penſoit que le Noël des Chrétiens, venoit de Noé des Juifs. Ouë eſt le vieux mot François, ſignifiant une oye, du Latin *Auca.*

****

Faire un cygne d'un oyſon.

LOüer ce qui ne le merite pas: ou loüer trop. Voyés *Nager en baſſe eau.*

****

Medecin d'eau douce ; c'eſt un beuveur d'eau.

MEdecin qui n'eſt pas fort habile. Peuteſtre cela eſt-il venu d'un Aſclepiade, qui de mauvais Rheteur s'étant fait encore pire Medecin, & n'ayant nullé connoiſſance des remédes, affecta particuliérement de ſe rendre célébre en accordant de l'eau aux malades. *Et quoniam*, dit Pline, au liv. 26. ch. 3. *cauſas morborum ſcrutari priùs inſtituerat Herophilus, vini rationem illuſtraverat Cleophantus apud priſcos, ipſe cognominari ſe frigidâ dândâ prætulit.* On dit, que quelque choſe ne ſent qu'à l'eau, quand elle eſt ſans force & ſans gouſt ; & d'un homme, qu'il n'eſt qu'un beuveur d'eau, pour dire, qu'il n'a pas grand génie,

génie , cela fondé sur ce que *vina parant
animos. Fertur & veteris Catonis vino inca-
luisse virtus.*

*Nulla placere diu, neq; vivere carmina possunt,
Quæ scribuntur aquæ potoribus.
Fœcundi calices, quem non fecêre disertum.
Laudibus arguitur vini vinosus Homerus.
Ennius ipse Pater nunquam nisi potus ad arma
Prosiluit dicenda.*

Et dans les Epigrammes Grecques de l'Anthologie, on trouve celle-cy contre les Beu-
veurs d'eau.

Οἶνός τε καρείωτι πέλει μέγας ἵππος ἀοιδῶ.
   Ὕδωρ δὲ πίνων χρηστὸν οὐδὲν ἂν τέκης.

Il me souvient que feu M. Heinsius, quand
il étoit dans sa belle humeur; ce qui arrivoit
assés souvent , en se mettant à table ; nous
disoit en forme de priére avant le repas,

*Vina bibant homines, animalia cetera fontes,
   Absit ab humano pectore potus aquæ.*

✳✳✳✳✳✳✳✳✳✳✳✳✳✳✳✳✳✳ ✳✳✳✳✳✳✳✳✳✳✳✳✳✳✳✳✳✳

Le Papier endure tout.

POur dire, qu'il ne faut pas croire à la
legére les Ecrivains : car on peut accuser
la plûpart d'eux, de ce dont on accusoit Paul
Jove , qu'il avoit une plume d'or pour ses
amis, & une de fer pour ses ennemis. La langue, quoy qu'un fort petit membre de nôtre
corps, & le papier, quoy qu'une chose fort

vile & fragile, peuvent faire beaucoup de mal,
ou de bien. Si l'on en croit Hofpinien, la
Sibylle Erytrée aura prédit, que c'eft par le
papier que l'Antechrift doit eftre détruit &
confondu. Car vous trouvés ces mots dans
fon Traité *de Origine & progreſſu Typographiæ.*
Sibylla Erythræa de noviſſimo ſæculo & Anti-
chriſti furoribus vaticinans, eum lino tandem
perdendum eſſe dixit;
Sic enim habet carmen Græcum.
Αἴλινος ἔκτοτε καιρὸς ὅτι λίνος αὐτὸν ὀλέσει.

Miferum inde tempus, quia linum perdet eum.
Paratur enim & conficitur illa materia, in quâ
ſcribimus, & libros excudimus, ex lineo panno
minutatim conciſo in aquis, & glutino iterùm
denſato, quam chartam lineam, abuſione veteris
nominis, papyrum appellant. His armis lineis
pugnatur contra Gog; ut veriſſimum ſit, quod
D. Paulus ſcribit; eligere Dominum infirmas res,
& quas Mundus vilipendat, quibus alta, firma
præpotentia, inexpugnabiliaque Mortalium judi-
cio, & molitiones immanes Sathanæ ac Mundi,
quæ ſurgunt adversùs Deum, ſubvertat. Epiſt. 1.
ad Corint. c. 1. Voilà un Oracle bien vray,
mais bien envelopé de figures. Du lin, c'eſt
du linge; du linge, c'eſt du papier; le papier,
c'eſt un livre; le livre, eſt l'Ecriture Sainte.
Au reſte, quelque vil & fragile que ſoit le
papier quant à ſa matiére, il ne l'eſt pas
quant à ſon uſage, ni dans l'eſtime des Ma-
humetans. Car Bufbequius en la relation de
ſon voyage de Conſtantinople, raporte que

les Turcs recueillent religieusement les moindres petits morceaux de papier qu'ils voyent tomber à terre, les serrant avec soin ; parce que le nom de Dieu peut estre écrit dessus, & qu'ils se persuadent, qu'au jour du Jugement, où il faudra qu'avant que d'entrer en Paradis, tout le monde passe par dessus une claye de fer, rouge de feu; ces morceaux de papier se rassembleront & s'épaissiront, pour venir se poser sous les pieds de ceux qui les auront recueillis, en sorte qu'ils ne souffriront pas la moindre petite brulûre.

××*×*×*×*×*×*×*×*×*×*×*×*×*×*×*×*×*×

Femme de court talon.

C'Est une façon de parler, que j'ay souvent entenduë dire aux Valons, quand ils vouloient exprimer vne femme qui se laissoit aller aysément. Boxhorn en a fait cette remarque sur ces mots de Plaute, *in Persâ. Act. 4. sc. 4. Si crebrò cades, idest, si te inclinari crebrò, ac muliebris patientia legem accipere sustinueris, quo modo & nos in Belgis Veneres istiusmodi curto calci insistere cavillantes, lepidâ sanè vernaculâ vocis compositione Cort ghebielt perhibemus, quasi dicas brevi-calces. Quò enim homini calcaneum brevius, eò ad resupinandum accommodatior. Easdem etiam ab eadem causâ comitiales esse, hoc est casabundas dictitabant. Apud Juvenalem. Aviam resupinat amici.*

G ij

****

Il a le pié poudreux ; c'est un pié poudreux.

UN homme que nous appellons autrement fort leger, qui peut dire comme le Philosophe, *Omnia mea mecum porto*, un vagabond, qui court çà & là, en quoy faisant, il ne se peut pas qu'il ne cueille bien de la poussière. Les Anglois appellent Pipouders, ces petits marchands porte-paniers, & coureurs de marchés & de foires, qui n'ont que leur panier, ou qui se contentent de quelque loge bâtie à temps, sans pouvoir étaller en boutique. Et comme pendant la séance de nôtre foire Royale, nos Maire & Echevins tiennent une Jurisdiction, nommée Jurisdiction du Pavillon, à cause que c'est dans un pavillon qu'elle se tient, & qu'on rend la justice sommaire entre les marchands ; aussi les Anglois ont-ils pour le mesme le sujet, leur Court *of pipouders, pedis pulverisati curia. Bracconus*, liv. 5. Traité 1. ch. 6. *propter personas, qua celerem debent habere justitiam, sicut sunt mercatores, quibus exhibetur justitia pepoudrous.*

****

Estre à l'erte.

SE tenir au guet, estre vigilant, & prest d'aller. Les Espagnols disent aussi, *estar en alerta.* Cette locution vient de l'Italien, qui dit, *star allerta. Erta,* signifie haut, & un chemin ou sentier qui monte, une côte ou montagne, par laquelle on a de coûtume d'envoyer des Soldats pour découvrir les ennemis d'enhaut ; lieu haut, aspre & fâcheux à monter. Le Dictionnaire de la Crusca remarque que cette façon de parler, est plus de vers que de prose.

****

Ie l'ay entre les dents ; je l'ay sur le bout de la langue.

LEs Latins ont à peu prés une pareille façon de parler. Dans Plaute, *in Trinum.* un valet feignant de sçavoir un nom, dit; *C. est principium nomini ; intra dentes conclusum habeo ; atque etiam modò versabatur mihi in labris primoribus.*

xxxxxxxxxxxxxxxxxxxxxxxxxxxxxxxxxxxxxxxxxxx

Tout ce qui vient d'ebe, s'en retournera de flot.

NOs Payſans diſent cela de biens mal-aſſeurés, mal-ménagés, & quelquefois mal-aquis. Flot eſt le flus de la mer. Ebe eſt un mot Anglois, qui ſignifie le reflus. En Latin, *acceſſus & receſſus maris*, car *fluxus & refluxus*, ſont de là baſſe Latinité ; ou bien *curſus & recurſus* ; ce qu'autrement ils diſoient *venilia & ſalacia*, qu'ils faignoient eſtre deux des femmes de Neptune. *Venilia, cùm mare venit ad terram : ſalacia, cùm redit in ſalum.* Sur quoy quelqu'un de nos Poëtes fit autrefois ces trois vers, qui ſont gravés ſur là porte du logis d'un Gentil-homme de nôtre voiſinage,

Queis opus eſt, affert tumefacta Venilia ſecum ;
Ac modo, quæ ſuperant, revoluta Salacia tollit ;
Ecquis vicinum damnoſum Nerea dicat ?

C'eſt que nous diſons ordinairement, que la mer eſt un dangereux voiſin. Il faut, pour bien parler, dire : tout ce qui vient de flot, s'en retourne d'ebe.

✳✳✳✳✳✳✳✳✳✳✳✳✳✳✳✳✳✳✳✳✳✳✳✳✳✳✳✳✳✳✳✳

Ie n'en ayme que le dos.

JE ne l'ayme guére, je voudrois bien ne le voir jamais. Les Tolosains disent le *bouldoio beze per esquino* : je voudrois ne le voir que par l'échine : je voudrois qu'il s'en allast, & fust bien loin de moy.

✳✳✳✳✳✳✳✳✳✳✳✳✳✳✳✳✳✳✳✳✳✳✳✳✳✳✳✳✳✳✳✳

Le chauderon machure la poësle.

UN voisin diffame son voisin, ou une putain crie à la putain. Machurer, signifie noircir, & figurément, detracter, décrier. Mascara en Tolosain, c'est charbonner, barboüiller, noircir. On dit autrement, la pesle se moque du fourgon.

✳✳✳✳✳✳✳✳✳✳✳✳✳✳✳✳✳✳✳✳✳✳✳✳✳✳✳✳✳✳✳✳

Ioüer des éperons. Iournée des éperons. Chevaliers du liévre.

DU Tillet nous apprend, ce que c'étoient que les Chevaliers du liévre. C'est dans son Recueil du Traité d'entre les Rois de France & d'Angleterre, qu'il conte ainsi la chose. Les deux armées du Roy Philippes &c.

" du Roy Edoüard , se départirent sans mélée;
" le jour se passa en contenances , & n'avint
" qu'une risée recitée par Froissart, d'un liévre
" passant chemin devant le camp des François,
" dont fut faite une huée, & grand cry. Les
" derniers qui l'oüirent , pensant que ce fust le
" commencement de la bataille, se disposérent
" à faits d'armes. Aucuns écuyers pour mieux
" faire selon la coûtume, furent faits Cheva-
" liers , toûjours depuis appelés les Cheva-
" liers du liévre.

Joüer des éperons , c'est fuir. La journée
des éperons fut ainsi nommée , comme le
raportent la plûpart des Historiens , parce
que nos gens saisis de je ne sçais quelle terreur panique, donnérent des éperons, & s'en-
fuirent honteusement. Ce fut au mois d'Aoust
1513. & sous Louis XII. que se donna cette
bataille , Henry VIII. y étant en personne.
Le Seigneur de Piennes, Gouverneur de Picar-
die, commandoit l'armée du Roy ; le Duc de
Longueville y fut pris prisonnier, Bayard, &
divers autres Seigneurs. M. de Brianville dans
son abregé de l'Histoire de France, parle d'une
autre journée, dite des éperons. C'est en la vie
de Philippes le Bel. L'an mil trois cens qua-
torze, le Flamand se voyant réduit à se soû-
mettre à son Souverain , la mauvaise conduite
du Comte de S. Paul , Jacques de Chatillon
qui y fut étably pour Gouverneur , causa une
sédition à Bruges , qui soûleva tout le païs
contre les François. Pour la reprimer, le Roy

envoya une puissante armée sous le commandement du Comte d'Artois, Prince du sang, & du Connestable de Nesle ; mais la jalousie de ces deux Chefs sacrifia mal-heureusement l'élite de nôtre Noblesse à la fureur des Flamands, qui l'ayant fait tomber dans un piége l'an 1302. en firent un si grand carnage à la défaite mémorable de Courtray , qu'on y conta jusqu'à 12000. Chevaliers morts : si bien que pour la quantité d'éperons dorés de tant de Chevaliers, que les Flamands remportérent comme en triomphe, cette mal-heureuse journée fut nommée, la journée des éperons. Toutefois aprés diverses tentatives, le Roy défit entiérement ces mutins ; & deux ans ne se passérent pas, que trente-six mille Flamands tués à la défaite de Monts , lavérent dans leur sang toute la honte de Courtray. Anciennement le Chevalier étoit discerné aux éperons qu'il portoit dorés , au lieu que l'écuyer les portoit blancs. Voyés du Tillet, p. 309. & suivantes.

****

Etonné, ou étourdi comme un fondeur de Cloches.

IL faut sous-entendre , quand sa fonte n'a pas bien pris. On le dit d'un homme qui se trouve fort éloigné de son conte , & qui voit

reüssir les choses autrement qu'il ne les avoit
pensées.

****

Les jours s'entresuivent, mais ils ne s'entreressemblent pas.

POur dire que les maux & les plaisirs ne
font pas continuels. Pendant qu'une journée, dit Hesiode, est une cruelle maraftre,
l'autre est une bonne mére.

Ἄλλοτε μητρυίη πέλει ἡμέρη, ἄλλοτε μήτηρ.

****

La fumée cherche toûjours les belles gens.

POur dire, que l'envie s'atache toûjours au
plus grand mérite. C'est une opinion
badine, & de bonne femme, mais qui n'est
pas nouvelle, que la fumée s'adresse toûjours
au plus beau fils. Car dans Athenée, liv. 6.
un Parafite voulant exprimer, qu'il étoit
plus propre qu'aucun autre, à s'apro-
cher d'une belle personne ; il dit qu'en cela
il ne céderoit pas à la fumée mesme. Voyés
Erasme, *fumus pulchriorem persequitur. Petrus
Victorius, var. lect. lib. 3. c. 21.*

****

Il a laißé les Houſeaux.

HOuſes ou houſeaux, ſignifioient autrefois des botes, d'où nous avons fait le mot de triquehouſes ; & le ſurnom de courtehouſe donné a nôtre Duc Robert, dans la Chroni-que de Normandie, ch. 50. ſur la fin. Robert "
Duc de Normandie, étoit de petite ſtature, &" "
de gros membres , & pource qu'il avoit les "
jambes courtes , il fut nommé courtehouſe. "
De houſe l'on a fait les verbes houſer & de-houſer, c'eſt à dire, boter & déboter. Le Roy arriva le matin, & tout houſé, fut à la bene-diction, dit Nicoles Giles, en la vie de Char-les VII. Et dans Alain Chartier, en l'Hôpital d'Amours.

Tantoſt qu'il ſera deſcendu ,
Sans dire ce qu'il a trouvé
Et ſans ce qu'il ait attendu ,
Qu'il ſoit vêtu, ne dehouſé,
Il ira paſſer tout croté.

Heuſe & le Latin barbare *hoſa*, qui ſe trouve dans Paul Diacre, vient de l'Allemand *hoſe.* Nous diſons donc que quelqu'un a quitté les botes, & laiſſé les houſeaux, quand il meurt, & que comme dit Nicot, il s'eſt déchauſé & mis au lit pour mourir, tellement qu'il n'a plus de beſoin, ni de chauſſes, ni dequoy que ce ſoit. De là auſſi eſt venu cét autre

Proverbe, mais qu'on voit corrompu.

A l'an soixante & douze,
Temps est que l'on se house.

Il faut dire, temps est qu'on se dehouse. Qui le voudroit, on pourroit moraliser & étendre davantage la pensée de Nicot, en disant que nôtre vie est un voyage : suivant quoy Jacob disoit, que les jours de son perelinage avoient esté courts & mauvais ; & qu'ainsi le voyage étant fait, on devoit tirer les botes, puis qu'on n'en avoit plus affaire. Voyés Pasquier, l. 8. ch. 38. qui en rapporte une origine historique ; on dit encore par une autre metaphore, que quelqu'un est délogé, pour dire qu'il est mort.

×××

Vin d'une oreille.

ON appelle ainsi le bon vin, parce que le bon vin fait pencher la teste de celuy qui le goûte bien, d'un côté seulement, & luy fait dire, il est bon : au lieu que s'il est mauvais, on secoüe toute la teste, & par conséquent les deux oreilles, en signe de dégoust & de mépris.

Ne mets

Γ✶✶✶✶✶✶✶✶✶✶✶✶✶✶✶✶✶✶✶✶✶✶✶✶✶✶✶✶✶✶✶✶

Ne mets en ton doigt aneau trop étroit.

C'Est à dire, ne contractés point des amitiés, ni des alliances inégales, parce qu'elles sont ordinairement incommodes, de mesme que l'est un aneau trop étroit, qui coupe quelquefois la chair du doigt. C'est un des Emblesmes de Pythagore, *annulum digito ne vi inserito*, que l'on peut expliquer par ces Préceptes d'Ovide.

Amicitias & tibi junge pares,
Si qua voles rectè nubere, nube pari.

✶✶✶✶✶✶✶✶✶✶✶✶✶✶✶✶✶✶✶✶✶✶✶✶✶✶✶✶✶✶✶✶✶✶✶

La chévre a pris le loup.

CEla se dit contre ceux, qui pensans par leur adresse ou authorité, perdre ou tromper les autres, demeurent eux-mesmes pris. Lucien au Dialogue de Cnemon & Damnipe, τῦτο ἐκεῖνο τὸ τῆς παροιμίας ὁ κεββὸς τὸν λέοντα. Ce que M. d'Ablancourt traduit ainsi : voilà le Proverbe arrivé de la chévre qui prit le loup, *surquoy il fait cette remarque. On dit ainsi ce proverbe en nôtre langue; & l'on feint qu'une chévre, poursuivie d'un loup, se sauva dans une maison deserte, dont elle ferma la porte par hazard avec ses cornes, aprés que le loup fut entré, qui fut pris par ce moyen.*

H

En cent ans baniére, en cent ans civiére.

POur dire comme dit le Pſalmiſte: *C'eſt Dieu qui gouverne & abaiſſe l'un, & éleve l'autre,* & comme dit le Poëte. *ludit in humanis Divina potëtia rebus,* & que tel a eu le ſceptre à la main, qu'on a vû depuis porter la ferule de pedent. Paſquier ſe ſert de cette façon de parler, l. 1. de ſes Recherches, ch. 7. tantoſt nous voyons les empires eſtre demeurés en un lieu ; tantoſt avoir forchangé de main, comme il plaiſt au Souverain maitre ; & ceux qui furent bien grands, par ſucceſſion de temps eſtre venus bien petits ; ſi que l'on pourroit approprier aux Royaumes, ce que le commun peuple dit des maiſons nobles, qu'elles ſont cent ans baniéres, & cent ans civiéres. Et ſur ces mots du Sonnet du 1. liv. des Amours de Ronſard *Sainte Gaſtine : ô douce Secretaire De mes ennuis* ....

Muret fait cette remarque. Céte foreſt eſt aujourd'huy demy venduë par le mauvais ménage des miniſtres du Prince ; malheureux ſont les Princes & les Rois, leſquels pour fournir à leurs folles dépences, vendent en un jour ce que la Nature ne peut produire en mille ans, comme Foreſts, Villes, & Châteaux, qui ont plus coûté à bâtir à coup de

marteau, heritages de leurs Ayeuls acquis «
fans peine, qu'ils n'en pourroient ce jourd'huy «
édifier en quatre mille ans. Or felon le cours «
des Aftres, & felon le change qui fe fait & «
refait fous la Lune, & que la matiére appete «
toûjours nouvelle forme, il ne fe faut ébahir, «
fi en cent ans civiére, & en cent ans baniére : «
la bonne Nature, mére commune d'un cha-«
cun, n'eft pas tant obligée par ferment à laif-«
fer tous les biens du monde en un eftre, «
qu'elle vueille plus favorifer les uns que les «
autres. Mais elle veut que chacun en fon rang «
& ordre, fe fente de fa liberalité. On ne vit «
jamais race en terre durer en fplendeur & feli-«
cité, plus haut de cent ans. Une civiére, ou à «
bras, ou à roüelle, ainfi que parlent nos
Payfans, fert aux journaliers à tranfporter
de lieu à autre, diverfes chofes viles, du fu-
mier, du fable, des vidanges : & il n'y avoit
autrefois que les Gentilshommes de plus
grande marque, qui euffent droit de porter
baniére.

Irus & eft fubito, qui modò Crœfus erat.

****

Faire un pas de Clerc.

ON a dit de mefme, tout clerc n'eft pas
fage, ce que l'on exprimoit ainfi plai-
famment, *magis magnos cclericos non funt
magis magnos fapientes.* On dit encore que

quelque chofe fent bien l'écolier, & que c'eft un coup d'écolier ; le mot de clerc, ainfi mefme que ceux de fçavant & de docteur, s'étant pris en mauvaife part, au temps que les Courtifans & gens d'épée tenoient à honte de fçavoir quelque chofe. Il a pourtant efté pris quelquefois en bonne part, comme il paroift par cette autre façon d'exprimer, le *fus Minervam* des Romains, quand nous difons, parler Latin devant les clercs. Voyés le mefme Pafquier, liv. 8. ch. 13. Le mot de pas, de mefme que celuy de démarche, fe prend figurément pour action & conduite ; il fait bien de faux pas ; il a fait une fort vilaine démarche.

✻✻✻✻✻✻✻✻✻✻✻✻✻✻✻✻✻✻✻✻✻✻✻✻✻✻✻✻✻✻✻✻✻✻✻✻✻✻

Du cuir d'autruy, large couroye.

IL faut fous-entendre, faire ; ou il fait, ce qui eft dit de ceux qui font liberaux du bien d'autruy, nous l'avons imité du Latin, *de alieno corio ludere torquetur*, dit Erafme, *in eos qui securiùs agunt, sed alieno periculo.* Tertullien au liv. *de Pallio*, a un peu changé le Proverbe, pour exprimer agréablement comme le cameleon changeoit de couleur felon qu'il vouloit. *Hoc soli chameleonti datum, quod vulgò dictum est de suo corio ludere :* par où il fembleroit que le Latin, *de alieno corio ludere*, ne voudroit pas tant dire, eftre liberal du bien

d'autruy , que se joüer d'un autre en luy faisant faire tantost un personnage , tantost
l'autre par metaphoré du Cameleon, qui est
tantost d'une couleur , tantost d'une autre.

✶✶

Servir de triboulet , passer pour triboulet.

PAsser pour ridicule & pour fou, servir à
faire rire & défrayer la compagnie. Triboulet fut un fou de Louis XII. comme nous
l'apprend Hotoman en son livret , intitulé
Matagonis de Matagonibus , qu'il fit contre
Matharel,& contre Papirius Masso:*crede mihi,*
Matharelli, si Rex fiam, quòd tu eris primus in
matriculâ meorum stipendiatorum , non ut te
faciam meum procuratorem generalem aut spe-
cialem, quia nihil intelligis in jure,ut tuus libel-
lus satis ostendit , sed meum archifatuum, sicut
Tribulletus fuit Regi Ludovico. Et ut isto feudo
solemniter investiaris, dabo tibi pro dono investi-
tura, unum pulchrum bacillum album, cui alli-
gata erit una vesica cum pisis ab intus canorè
resonantibus. Rabelais a mis agréablement en
jeu Triboulet , quand il le fait consulter par
Panurge sur son mariage.

****

C'eſt un Avocat de Ponce Pilate.

ON dit cela d'un Avocat qui n'a point
de pratique, ni de cauſes, parce que Pilate
parlant de nôtre Seigneur, dit dans l'Evangile, *non invenio cauſam*; par une équivoque
à peu prés pareille à celle, dont le meſme Hotoman, au meſme liv. raille Baudoüin Juriſ-
conſulte, en l'appellant un Docteur de néceſſité, parce qu'il eſt dit que la néceſſité n'à
point de loy.

****

Faire la figue à quelqu'un.

C'Eſt à dire, ſe moquer de luy, nous l'a-
vons pris de l'Italien, *fare le fica*, & les
Eſpagnols *dar las higas*, Voicy ce qu'en diſent
Munſter, Miſnhæus, & les autres. *Irriſionis
genus eſt, cùm per contemptum & ludibrium medium digitum alicui porrigimus. Ab hoc autem
eventu traxit originem. Fridericus Barbaruſſus
Imperator, ob contumeliam factam Imperatrici
à Mediolanenſibus, qui eam mulâ impoſitam
capite averſo in caudam beſtiæ, traditâ in manus ejus beſtiæ caudâ pro fræno, ludibrio habue-
runt. Mediolano poſt longam obſidionem capto,
dediteos cives eâ lege & conditione in gratiam*

accepit, ut qui vitam ſervare vellent, ficum de
genitalibus mulæ dentibus eximerent. Vnde nata
eſt Italiæ contumelioſa illa irriſio, cùm digito
inter duos oſtenſo proferunt, Ecco la fica. Maître François, au liv. 4. ch. 45. explique ainſi la
choſe. Les Milanois s'étoient contre Frideric "
abſent rebellés, & avoïent l'Imperatrice ſa "
Femme chaſſée hors de la Ville ignominieu- "
ſement, montée ſur une vieille mule, nom- "
mée Tacor, à chevauchons de rebours; ſçavoir "
eſt, le derriére tourné vers la teſte de la mule, "
& la face vers la croupiére. Frideric à ſon "
retour les ayant ſubjugués & reſerrés, fit telle "
diligence, qu'il recouvra la célébre mule Ta- "
cor: adonc au milieu du grand Broüet par ſon "
ordonnance, le bourreau mit és membres "
honteux de Tacor une figue, préſens, & voyans "
les Citadins captifs : puis cria de par l'Em- "
pereur à ſon de trompe, que quiconque d'iceux "
voudroit la mort évader, arrachaſt publique- "
ment la figue avec les dents, puis la remiſt au "
propre lieu, ſans ayde de mains: quiconque en "
feroit refus, ſur l'inſtant ſeroit pendu & étran- "
glé. Aucuns d'iceux eurent horreur d'une tant "
& telle abominable amende, la poſtpoſérent "
à la crainte de la mort, & furent pendus ; es "
autres, la crainte de la mort domina ſur telle "
honte : iceux, aprés avoir à belles dents tiré "
la figue, la môntroient au boye, ou bourreau "
apertement, diſans *Ecco la fica.* M. Bochart
croit qu'au lieu de Thacor, il faut lire Achor,
ou Ieachor, c'eſt à dire à rebours en langue

Hebraïque, que Rabelais n'ignoroit pas comme il paroist par sa bonne Déesse Bacbou, & quantité d'autres termes qu'on a remarqués.

****

Avoir une dent de lait contre quelqu'un.

C'Est à dire, une vieille inimitié : les dents se prennent metaphoriquement pour envie, malice, animosité. Mordre & déchirer quelqu'un, c'est l'offencer soit par faits, soit par paroles : môntrer les dents, c'est à dire témoigner qu'on a de la vigueur, & dequoy se défendre. *Jam minùs dente mordeor invido,* a dit Horace. Les Latins ont dit encore à peu prés en mesme sens que nous, *genuinum infigere, genuinum frangere.* Les dents de lait sont celles qui naissent les premiéres : une dent de lait seroit donc en quelque façon, comme, qui diroit une inimitié sucée avec le lait ; on dit encore, j'auray ou je feray cela malgré tes dents, c'est à dire, malgré toute ton opposition & toute ta rage, *etiam si tibi rumpantur ilia.*

✻✻✻✻✻✻✻✻✻✻✻✻✻✻✻✻✻✻✻✻✻✻✻✻✻✻✻✻✻✻✻✻✻✻✻✻✻✻

Faire la nique à quelqu'un.

SE moquer de luy en hauffant & baiffant
le menton : *les maux terminés en ique font*
aux Medecins la nique, *hydropique, etique,*
phtifique, paralitique, apopletique, lethar-
gique. De là l'on a fait le verbe niqueter, &
nôtre Peuple dit ordinairement, c'eft mar-
chandife de Paris, il n'y a que niqueter. En
Allemand nicken, fignifie hocher la tefte :
faire petarade, c'eft *crepanti buccâ manum*
intendere, faire la figue à quelqu'un en petant
de la bouche, dans les Amadis, liv. 10. *Il luy*
dit vilain pautonnier, voleur, outrageur des
femmes d'autruy : furquoy le Chevalier répondit
petarades, & baifa la Dame deux ou trois fois,
puis remonta fur fon détrier, & brocha des
éperons.

✻✻✻✻✻✻✻✻✻✻✻✻✻✻✻✻✻✻✻✻✻✻✻✻✻✻✻✻✻✻✻✻✻✻✻✻✻✻

Eftre logé chez Guillot le fongeur.

EStre rêveur ; peut-eftre faut-il dire Guillan au lieu de Guillot, & que cetre façon de parler a efté prife de ce que nous
lifons au premier livre d'Amadis, que
Guillan le penfif fut un Chevalier errant, un
des plus chevaleureux, qui fut onc en la Cour

du Roy Lifuart, mais qui étoit fi rêveur à fes amours & à fa Dame, que penfant à elle fouvent, il s'oublioit luy-mefme ; auffi un jour fut-il furpris dans fes rêveries, par un autre Chevalier qui le defarçonna d'un coup de lance. Et pource le Roy Lifuart l'appelloit-il le plus grand rêveur du monde.

****

Commander à la baguéte.

C'Eſt à dire abſolûment, en telle ſorte qu'au moindre ſigne que l'on donne de ſa volonté, l'execution ſuive de fort prés le commandement : par une metaphore priſe des Ecuyers, qui au moindre mouvement de la baguette, manient leurs chevaux, & les font aller comme ils veulent.

****

Envoyer quelqu'un ad patres.

NOtre Peuple ſe ſert de cette expreſſion, pour dire expedier, ou faire mourir quelqu'un. Peut-eſtre cela vient-il de ce qu'en l'Ecriture, il eſt ſouvent dit, qu'un tel s'endormit avec ſes péres, & s'en alla à ſes péres, c'eſt à dire, qu'il mourut. Dans Gregoire de Tours, *appoſitus ad patres, ideſt mortuus.* Dans la Bible vulgate. Gen. 15. 15. Dieu dit à Abra-

ham , *tu autem ibis ad patres in pace.* Ainſi
dit-il à David, 1. Paralip. 17. 11. *Cumque im-*
pleveris dies tuos , ut vadas ad patres. Dans les
Machab. 1. 2. 69. *Appoſitus eſt ad patres ſuos,*
& en divers autres lieux.

Peſcher en eau trouble.

C'Eſt ce qu'on dit de ceux qui profitent des
deſordres & des querelles d'autruy , &
qui pour cela les fomentent. Dans les Apo-
logies, un peſcheur ayant tendu ſes filets, ſe
mit à batre l'eau pour faire donner le poiſſon
dedans ; quelqu'un luy reprochant qu'il trou-
bloit la riviére , & qu'on n'en pourroit plus
boire, mais moy, dit-il, ſi je n'en uſois de la
ſorte, je ne pourrois plus manger, & il me
faudroit mourir de faim.

Aprés Paſques robillare.

CE mot eſt fort commun en la bouche de
nos Payſans. Je ne ſçay, ſi cela auroit
point eſté pris de *rubigalia* ou *robigalia ,* feſtes
& réjoüiſſances celebrées autrefois par les
Payſans, le mois d'Avril , en l'honneur du
Dieu *Rubigus, ut rubiginem à ſegetibus arceret.*
Voyés Ovide en ſes Faſtes, Varron, Pline.

& les autres. *Est autem rubigo*, dit Servius sur de 1. de Georg. *segetum putrefactio, cùm spicæ confriatiles, & vana redduntur, & culmi pereunt, quod à rusticis calamitas dicitur, inde & Rubigus Deus.* Vt *Christiani*, dit Hospinien, en son Traitié *de Origine litaniarum*, p. 363. *In die S. Marci & circa, supplicationes celebrant circum oppida, & pagos camposque lustrant, ne ulla tempestas segetibus alijsque fructibus noceat. Sic Roma olim eodem ferè die Robigalia celebrata sunt, in quibus fiebat processio à flamine Quirinali, & populo albis vestibus induto, in lucum Robigini consecratum, ibi sacris precibus, quibus Robiginem invocabant, ut segetibus parceret, immolabatur adhibito vino & thure, canis & ovis, eorumque exta in cineres cremabantur.* Quelques-uns s'imaginent plaisamment, que cette façon de parler est une corruption de celle-cy aprés l'asque *robe il cura.*

****

L'habit ne fait pas le Moine.

CEtte façon de parler s'employe, pour dire qu'il ne faut pas juger des personnes par l'extérieur, comme l'on disoit autrefois ἐκ πίχους σοφοί. Elle est prise des Autheurs du droit Canon, parlant de la capacité ou incapacité de posseder des Benefices. Voicy ce qu'en dit Godefroy sur la Coûtume de Normandie, au Tit. de Jurisc. p. 61. Il y a des

Benefices

Benefices feculiers, il y en a de reguliers.
J'appelle reguliers ceux qui font deftinés aux
Moines & Religieux profez; car c'eft une maxime générale à tous Benefices, que *regularia
regularibus, facularia facularibus funt confe-
renda*, & partant les reguliers ne peuvent eftre
conferés qu'aux Religieux du mefme Ordre.
De la régle prédite, on a pris occafion de
douter, fi pour obtenir lefdits Benefices, il
fuffit du Noviciat & de l'habit, ou s'il faut
eftre profez; mais enfin, il a efté conclu, que
l'habit ne fait pas le Moine, & partant qu'il
faut eftre profez pour poffeder lefdits Benefices. Juvenal, Satyr. 7, parlant des faux juge-
mens de fon fiécle, a dit

Purpura vendit
Caufidicum, rara in tenui facundia panno.

****

Roger bon-temps.

C'Eft à dire un bon compagnon. M. Cotgrave en fon Epître dédicatoire, prétend
que c'eft une corruption de rouge bon-temps,
parce que fuivant que l'a dit la verité mefme,
quand le temps eft rouge le foir, c'eft figne
qu'il fera le lendemain beau-temps. Pafquier,
liv. 8. ch. 61. croit qu'on a dit rouge bon-
temps, parce que cette couleur au vifage de
toute perfonne, promet je ne fçay quoy de
guay, & non foucié, comme au contraire, la

I

couleur blême est ordinairement accompagnée d'humeur fade & melancolique ; mais tout cela, à dire le vray, ne me satisfait point, car Roger a toûjours esté tenu pour le nom d'un homme guay, tout de mesme que d'une femme gaillarde ; on dit que c'est une rogere.

****

Voir l'épousée. D'aussi bon cœur que les Paysans font les enfans. Il passeroit bien une chartée de foin entre chacune de ses paroles.

DE ces trois façons de parler, la premiére est prise des Valons ; la seconde, des Flamands ; & la troisiéme, des Anglois. La premiére s'employe pour designer une terreur panique, dont Strada donne un exemple en ces coureurs que le Duc d'Albe avoit envoyés, qui rapportans avoir entendu un bruit de tambours, & en mesme temps apperçû quatre enseignes, qui étoient en effet tambours & enseignes, mais sur quatre chariots couverts de verdure, & sur qui une troupe de Paysans qui dansoient à l'entour, conduisoient au village prochain une nouvelle mariée : le Duc fit mettre son armée en bataille, & pour mémoire de cette plaisante avanture, ce proverbe est demeuré entre les soldats Valons,

que quand les coureurs reviennent trop toſt,
on leur demande, s'ils ont vû l'épouſée.

Les Hollandois ſe ſervent de la ſeconde
expreſſion, quand ils veulent marquer qu'ils
font quelque choſe de grand cœur, & de
grande affection, par exemple; ils diſent, je
bois à vous, & je vous porte cette ſanté, d'auſſi
bon cœur, que les Payſans font les enfans.
Vous liſés ſouvent dans Amadis, je fais, ou je
vous donne cela d'auſſi bon cœur, que je
baiſay onc Damoiſelle.

Les Anglois ſe ſervent de la derniére, lors
qu'ils veulent dépeindre un homme qui parle
lentement.

****

Il a vû le loup.

CEla ſe dit d'un homme qui ſe tait tout
court, voyant ſurvenir celuy dont il parloit. Servius ſur ce vers de l'Eglogue 8. *Lupi
Mœrin vidêre priores. Hoc etiam Phyſici confir-
mant, quod vox detrahitur ei, quem primum
viderit lupus ; unde etiam hoc proverbium na-
tum eſt, lupus in fabulâ, quoties ſupervenit ille,
de quo loquimur, & nobis ſuâ præſentiâ amputat
facultatem loquendi.*

I ij

✠✠

Porter besot.

C'Est à dire, porter mal-heur. Cette façon
de parler est fort commune parmy nôtre
Peuple, ils disent aussi bisieutre pour mal-
heur; il y a du bisieutre en cette affaire. C'est
sans doute une corruption du François, porter
bisseftre ou bisexte à quelqu'un, dont voicy
ce que M. de la Motte du Vayer dit en l'une
de ses létres, qu'il intitule, des jours reputés
« heureux ou mal-heureux. En vérité, dit-il, je
« ne trouve pas moins de vanité en cela, qu'à
« croire l'année bissextile plus mal-heureuse que
« les autres, d'où vient peut-estre nôtre proverbe, porter bisseftre ou bisexte à quelqu'un.
Sur quoy je vous supplie de vous souvenir de
cét endroit d'Ammien Marcellin, liv. 26. où
il dit, que l'Empereur Valentinien s'empescha
de sortir, pour éviter le jour intercalaire du
bissexte de Février, comme mal-encontreux
aux Romains ; *nec videri die secundo, nec pro-*
dire in medium voluit, bissextum vitans Februa-
rij mensis tunc illucescens, quod aliquoties rei
Romanæ cognorat fuisse infaustum. Macrobe
Saturnal. l. 1. ch. 13. *Quoties incipiente anno*
dies cœpit, qui adjectus nundinis, omnis ille an-
nus infaustis casibus luctuosus fuit, maximéque
Lepidiano tumultu opinio ista firmata est. C'est
pourquoy l'on vouloit que l'intercalation de

ce jour se fit au milieu du mois , *ut à suspecto die celebritatem averterent nundinarum.*

****

Ferrer la Mule.

CHercher à faire argent, & tirer profit de tout, & mesme aux dépens de son maître ; on dit qu'un valet ferre la mule, quand il vôle un peu , & qu'un Juge la ferre aussi , quand il prend de l'argent ; soit par ses mains propres , soit par celles de ses domestiques. Nous avons pris cette façon de parler de ce que fit autrefois le muletier de Vespasien , qui sous prétexte que l'une des mules étoit deferrée , arresta long-temps la litiére de cét Empereur, & par là fit avoir audience à celuy auquel il l'avoit promise sous l'asseurance d'une somme d'argent : mais dont l'odeur vint fraper aussi-tost le nez de ce Prince, qui l'avoit tres-fin pour le gain : en sorte, dit Suetone , qu'il voulut partager avec son muletier le profit qu'il avoit eu à ferrer la mule.

****

Larron comme une chouëte.

EN Normandie & en quelques autres Provinces, c'est ainsi qu'on appelle une houë , ou chevesche , *upupam.* Voyés M.

Saumaise sur l'Histoire Auguste, p. 337. Ailleurs par ce mot, on entend ce qu'on appelle choucas, en Latin *monedulam*, ces petites corneilles qui se retirent dans les trous des maisons & des clochers, & qui sont larronnesses, & ont donné lieu au proverbe. Rablais, l. 3. ch. 14. où il parle du songe que Panurge fit d'avoir vû sa maîtresse, luy fichant des cornes à la teste, & de la metamorphose qu'il crût voir ensuite de luy en tabourin, & d'elle en choüéte, sur ce qu'il s'imagina que cela luy présageoit qu'il auroit corne d'abondance, & planté de tous biens ; qu'il seroit joyeux comme un tabour à nopce, toûjours sonnant, toûjours ronflant, & toûjours bourdonnant ; & qu'enfin, sa femme seroit cointe & jolie comme une belle petite choüéte. Pantagruel luy prédit, au contraire, qu'il seroit coqu, battu comme un tabourin, dérobé par sa femme, ayant en cela l'inclination & le naturel de la choüéte. Surquoy mérite bien d'estre rapporté ce que Vossius remarque, l. 3. ch. 85. en la fin de l'Orig. & Progr. de l'Idolat. *monedula quasi monetula, à surripiendis monetis.* Ovide liv. 7. des Metamorph. Fab. 24. dit qu'Arné, qui livra sa patrie à Minos pour de l'argent, fut changée en cét oyseau.

Quamque impia prodidit Arne
Sithonis, accepto quod avara poposcerat auro,
Mutata est in avem, quæ nunc quoq; diligit aurū,
Nigra pedes, nigris velata monedula pennis.

✳✳✳✳✳✳✳✳✳✳✳✳✳✳✳✳✳✳✳✳✳✳✳✳✳✳✳✳✳✳✳✳✳✳✳✳

Iamais homme ne ſe trouva à telles noces.

IAmaïs homme ne ſe trouva ſi étourdi, ſi mal-traité, & ſi bien étrillé. Cela vray-ſemblablement eſt pris des noces de Baſché, où quand chicanoux venoient faire leurs ex-ploits, gantelets faiſoient auſſi les leurs ſur mandibules, ſur brichet, & ſur épaules. Oudart ſous ſon ſurplis avoit ſon gantelet caché, il s'en chauſſe comme d'une mitaine, & de d'au-ber chicanoux, & de draper chicanoux, & coups des jeunes gantelets pleuvoir de tous côtés ſur chicanoux. Des noces, diſoient-ils, des noces, des noces vous en ſouvienne : il fut ſi bien accoûtré, que le ſang luy ſortoit par la bouche, par le nez, par les oreilles, & par les yeux : au demeurant courbatu, épautré & froiſſé, teſte, nuque, dos, poitrine, bras & tout. Croyés qu'en Avignon au temps de Carneval, les Bacheliers onc ne joüérent à la raphe plus melodieuſement que fut joüé ſur chicanoux ; enfin, il tombe par terre, & ne ſçais s'il fut bien penſé des mires du païs. Voyés le reſte dans M. François, livre 4. ch. 14. & ſuivans. Mires, c'eſt à dire, les Medecins : je croyois que ce mot pouvoit venir du Grec μύρον, c'eſt à dire unguent, tant parce que je le vois toû-jours écrit par un y dans Amadis, Meluſine,

& les autres vieux Autheurs ; que parce que les Apoſiquaires, Chirurgiens & Medecins étoient autrefois confondûs , & s'appelloient tous μυρεψοί. Voyés Athenée, liv. 13. Nicot & Richelet ſur ces vers de l'Ode de Ronſard à Phœbus, pour guérir le Roy Charles IX.

Soit que tu ſois fluteur,
Ou Phœbus, ou paſteur,
Deſſus les bords d'Amphryſe.

Ou Herbeur, enten moy;
Vien t'en guérir mon Roy,
Qui ſeul te favoriſe.

Je diray tes amours,
Que tu parois toûjours
Sans barbe ni vieilleſſe.

O des myres le Roy
A Bacchus & à toy
Sert le don de Jeuneſſe.

Saint Hierôme dans ſes Epîtres , *nec in medicorum tabernis conſideas;* & dans ſon Apologetique à Domnion. *Non eſt grande , mi Domnion , garrire per angulos; & medicorum tabernas.* Surquoy voicy ce que dit Eraſme, *ſentit pharmocopolia, in quibus velut & in tonſtrinis conſidetur ab otioſis & garrulis, qui mos & hodie durat apud Venetos.* Juvenal a dit parlant de ces lieux,

Gaudent ubi vertice raſo
Garrula ſecuri narrare pericula nauta.

D'autres le derivent de l'Arabe Emir. Mais nos Maîtres, je dis Messieurs Bochart, & de Grentemesnil, n'approuvent pas trop ni l'une, ni l'autre etymologie. On disoit autrefois en commun proverbe,

Qui veut la guerison du mire,
Il luy convient tout son mal dire.

✳✳✳✳✳✳✳✳✳✳✳✳✳✳✳✳✳✳✳✳✳✳✳✳✳✳✳✳✳✳✳✳✳✳✳

Qui dort, disne.

CEtte façon de parler est tirée de l'école des Medecins, où l'on enseigne que le sommeil tient lieu d'aliment; lors que l'estomach étant plein de crudités, il faut dégager la nature, & luy donner loisir de les cuire sans la surcharger de nouvelles viandes. Car au reste si l'on est à jeun, dit Hollerius, sur les Aphorismes, le dormir ne nous nourrit & ne nous fortifie point; au contraire, la chaleur naturelle qui se retire alors toute au dedans, ne rencontrant rien surquoy elle puisse agir, s'affoiblit peu à peu, & s'éteint, de mesme qu'une lampe s'éteint, faute d'huile.

✳✳✳✳✳✳✳✳✳✳✳✳✳✳✳✳✳✳✳✳✳✳✳✳✳✳✳✳✳✳✳✳✳✳✳

Il est marqué à l'A.

CEla se dit d'un homme de bien, d'honneur & de mérite; & ce proverbe est em-

prunté des monnoyes, qu'on marque aux villes de France par l'ordre Abecedaire, selon
leur primautés; & parce que Paris est la metro-
politaine, la monnoye que l'on y forge, est
marquée de l'A, & du meilleur alloy & pois
qu'aux autres Villes, pour estre, dit Nicot,
les monnoyeurs d'icelle éclairés de plus prés
par les Généraux des Monnoyes.

****

Tel bat les buissons, qui n'a pas les oysillons.

ON le dit de ceux qui travaillent pour autruy, & qui prennent une peine dont ils
sont mal récompensés. On fait en hyver une
petite chasse aux flambeaux, & entre deux
hayes : un valet porte un bouleau, ou autre
arbrisseau plein de glu: d'autres valets battent
de côté & d'autre les buissons, d'où les oyseaux
sortans vont donner à la lumiére & dans le
bouleau, où ils demeurent pris. Nous appellons cela, aller au bouleau.

Hos ego versiculos feci, tulit alter honores.
Sic vos non vobis, sic vos non vobis, sic vos non
vobis, sic vos non vobis. C'est ce qui arriva à
Virgile; tout le monde le sçait. Les Anglois
au siége d'Orleans se brouillérent avec le Duc
de Bourgogne, qui voyant qu'ils gardoient
Orleans pour eux, leur dît ce proverbe, comme tous les Historiens du temps le raportent.

✶✶✶✶✶✶✶✶✶✶✶✶✶✶✶✶✶✶✶✶✶✶✶✶✶✶✶✶✶✶✶✶✶✶✶

C'est le chien au grand colier.

C'Eſt le chien le plus fort & le plus grand, & qui par conſéquent à la plus groſſe chaîne & le plus grand colier ; cela ſe dit du chef, & du plus mauvais garçon d'une troupe.

✶✶✶✶✶✶✶✶✶✶✶✶✶✶✶✶✶✶✶✶✶✶✶✶✶✶✶✶✶✶✶✶✶✶✶

Ie n'en fais non plus de cas que d'un bouton.

DAns la Chronique de Normandie, ch. 46. Pour auquel reſiſter, Onfray envoya " Roger de Beaumont, mais duquel pour ſon " outrecuidance on ne faiſoit point de cas, & " on en faiſoit moins d'eſtime que d'un bou- " ton. Un bouton, de laine s'entend, c'eſt à dire, un floquet ; car ainſi trouvés-vous ce mot employé dans Nicot, & les autres Voca- bulaires. Bouton de roſe, bouton de pour- point, bouton ou floquet de laine. De ſorte, que comme les Latins ont dit *floccipendere*, auſſi avons nous dit en meſme ſens, n'eſti- mer non plus qu'un bouton.

✶✶✶✶✶✶✶✶✶✶✶✶✶✶✶✶✶✶✶✶✶✶✶✶✶✶✶✶✶✶✶✶✶✶

Sa vie ne tient qu'à un filet.

IL eſt en grand péril de perdre la vie ; ſoit par maladie, ſoit par naufrage, ou autrement. Syneſius en ſon Epît. 4. parlant de gens battus ſur la mer d'une furieuſe tempeſte, τοῖς ἐν τῷ βιῷ δὲ πλέουσιν ἀπὸ λεπτῆς φασὶ μίτε τὸ ζῆν ἠρτῆσθαι. Cette façon de parler eſt ſans doute priſe, ou de la Fable qui nous repréſente les Parques filant les jours de chaque homme, d'où vient qu'on leur donne l'epithéte de Filandiéres. Ronſard, ſouvent, & Mademoiſelle de Rohan, Princeſſe de Leon, en ſes belles Stances, ſur la mort de Henry quatriéme.

Mais qui pourroit mourir ; les Parques filandiérés
Dedaignent de toucher à nos moites paupiéres,
Ayant fermé les yeux du Prince des guerriers :
Atropos de ſa proye eſt par trop glorieuſe,
Elle peut bien changer ſes cyprés en lauriers,
Puis que de ce vainqueur elle eſt victorieuſe.

Ou bien cette façon de parler eſt priſe de l'hiſtoire de Denis le tyran, qui mettoit une épée pendante à un filet, ſur la teſte de ceux qu'il convioit à manger ; à quoy Ovide ſemble avoir égard quand il dit,

Omnia ſunt hominum tenui pendentia filo,
Et certam praſens vix habet hora fidem.

Sortir

****

Sortir des gonds.

S'Emporter, uſer de violence, comme il arrive, quand une porte s'enleve de deſſus ſes gonds.

****

Il en faut faire un pot pourri.

C'Eſt à dire un mélange: il faut faire un gros de divers intéreſts de pluſieurs affaires & prétentions, pour eſtre terminées & compenſées par un meſme jugement. Pot pourri ſignifie la meſme choſe que hochepot, ſalmi, hachis, ou fricaſſée faite de diverſes viandes, herbes & épices, qui ſont comme pourries à force de cuire; les Eſpagnols diſent auſſi *olla podrida.* Voyés Miſnhæus: les Grecs appelloient cela μυττωτόν, & les Latins, *minutal, ſatura.*

****

Pour un point Martin perdit ſon aſne.

LE ſieur des Accords en ſes Bigarrures, & divers autres ont diverſement diſcouru là deſſus. Ce qu'en rapporte Paſquier, au l. 8. de ſes Lettres me ſemble le plus croyable. Je

K

defire, dit-il, encore vous ajoûter le jeu de
ce vers, ou un feul point tranfpofé diverfifie
le fens.

Porta patens efto nulli claudaris honefto.

Mettés la virgule aprés le mot de *efto*, il
n'y a nul vers plus courtois; mettés la aprés
nulli, il n'y a rien fi difcourtois; & c'eft pourquoy Alciat dit que l'on fit cét autre Carme.

Ob folum punctum perdit Martinus afellum.

Difant que c'étoit un Abbé nommé Martin,
qui pour avoir mis ce vers fur le portail de
fon Monaftére, avec le point au deſſous de
nulli, fut pour fa vilenie privé de fon Abbaye,
nommée Afellus, d'où auffi eft venu entre
nous ce proverbe François, *pour un point Martin perdit fon afne.*

✷✷✷

En ſçavoir tout le pourquoy.

Eſtre informé pleinement de quelque chofe, découvrir les motifs & la fin de quelque déliberation, avoir une connoiſſance parfaite de tout ce qui fe paſſe en une affaire.
Felix qui potuit rerum cognoſcere cauſas, dit
le Poëte dans fes Georg. & nôtre Ronfard en
fon Hymne de la Philofophie.

Elle premiére a trouvé l'ouverture
Par long travail des fecrets de Nature,
A ſçû dequoy les tonnerres fe font,
Pourquoy la Lune a maintenant le front,

Mousse ou cornu, & pourquoy toute ronde,
Où demy ronde elle apparoist au monde.

Sur lesquelles paroles, voicy ce que dit le Commentateur. Ce pourquoy là, dit Aristote, au 1. de la Metaphysique, est la marque de la science, quand on peut dire le pourquoy de quelque chose, $\delta\iota\grave{\alpha}\ \tau\acute{\iota}$, comme pourquoy le feu est chaud, $\delta\iota\grave{\alpha}\ \tau\acute{\iota}\ \theta\epsilon\rho\mu\grave{o}\nu\ \tau\grave{o}\ \pi\widetilde{\upsilon}\rho$, & non pas seulement qu'il est chaud, $\acute{o}\tau\iota\ \theta\epsilon\rho\mu\grave{o}\nu$; l'un est de la science, l'autre de l'experience ; c'est ce que les autres appellent $\tau\grave{o}\ \acute{o}\tau\iota\ \kappa\grave{\iota}\ \tau\grave{o}\ \delta\iota\acute{o}\tau\iota$; sçavoir, premiérement que la chose est, & puis pourquoy elle est.

****

Prester ou tendre la main.

ASsister quelqu'un : les Latins ont dit en pareil sens, *porrigere manum.* Et Synesius en l'Epître 155. écrivant à un Avocat, je connois, dit-il, vôtre inclinatió assés portée $\tau\widetilde{\iota}\varsigma\ \delta\epsilon o\mu\acute{\epsilon}\nu o\iota\varsigma\ \chi\widetilde{\epsilon}\iota\rho\alpha\ \grave{o}\rho\acute{\epsilon}\gamma\epsilon\iota\nu$, à tendre la main à ceux qui sont dans le besoin. Tendre la main, est aussi se reconcilier avec quelqu'un, luy protester de l'aimer ; la main droite est le symbole de la fidélité & de l'amitié ; les Grecs ont dit $\delta\epsilon\xi\iota\breve{u}\sigma\theta\alpha\iota$ en pareil sens, c'étoit un des préceptes de Pythagore, $\mu\grave{\eta}\ \pi\acute{\alpha}\nu\tau\iota\ \grave{\epsilon}\mu\beta\acute{\alpha}\lambda\lambda\epsilon\iota\nu\ \tau\grave{\eta}\nu\ \delta\epsilon\xi\acute{\iota}\alpha\nu$, c'est à dire, ne contracter pas à la volée des liaisons particuliéres avec tout le monde.

****

I'y donne les mains.

JE me rends à ses raisons, je confesse que j'ay tort, je me reconnois vaincu : nous l'avons pris du Latin *manus dare & tollere, digitum porrigere.* Voyés Erasme en ses Adages, & les Commentateurs sur ce vers de l'onziéme de l'Æneide.

> *Vicisti & victum tendere palmas*
> *Ausonij vidére, tua est Lavinia conjux.*

Ovide a dit aussi,

> *Confessasque manus, obliquáque brachia tendens,*
> *Vincis, ait, Perseu.*

Tous les Autheurs, Cesar, Virgile, Ciceron, se sont servis de cette façon de parler.

****

Reteiller ses chenevotes.

NOtre peuple dit ses canibotes, & a fort ordinairement en la bouche, nous verrons bien-tost un tel reteiller ses canibotes, c'est à dire, nous verrons cét homme qui fait si belle dépence, se reduire bien-tost à devenir ménager. C'est une metaphore prise des teilleurs de chanvre, chenevis, cheneve, chenevote, ou canibote : *festuca cannabica* proprement; car nous étendons aussi quelquefois cela, *ad alias quisquilias.*

****

C'est une teste de linot.

CEla se dit d'un homme de peu de sens : le linot, ou la linote, est un oyseau qui à la teste fort petite, & ceux qui l'ont telle, ont ordinairement peu de cervelle & d'esprit; quand donc l'on dit, grosse teste & peu de sens, ou c'est une façon de parler par antiphrase, ou il le faut entendre d'une grosseur extérieure & charnuë, comme il se voit aux bœufs, & aux autres bestes, qui par cette pesanteur sont toûjours panchées vers la terre; & non de la grandeur du crane qui contient beaucoup de cervelle, & où les esprits agissent avec plus de liberté, comme on le voit aux hommes.

Pronáque cùm spectent animalia cætera terram,
Os homini sublime dedit, Cœlúmque tueri
Jussit, & erectos ad sidera tollere vultus.

****

Courir l'éguiléte.

VOuloir par sa vie infame se déclarer putain : car comme parmy les Romains, les femmes toutes publiques étoient distinguées par de certaines marques & sortes d'habits, aussi en Languedoc étoient-elles autres

fois obligées de porter une éguiléte au bras,
afin d'estre reconnuës. C'est ce que remarque
Boërius en sa premiére Consultation mise à la
fin de ses Commentaires, sur la Coûtume de
Bourges. Peut-estre que le proverbe entend
l'éguiléte des hommes ; noüer l'éguiléte,
mettre bas l'éguiléte.

****

Entre chien & loup.

C'Est ce temps , *quod tu nec tenebras , nec
possis dicere lucem* , comme parle Ovide,
quand le jour est encore si sombre , qu'on ne
sçauroit distinguer un chien d'avec un loup.
Baïf, l. 1. de la Francine.
*Comme le simple oyseau qui cherche sa pasture
Lors qu'il n'est jour ne nuit, quand le vaillant
     Berger,
Si c'est un chien ou loup, ne peut au vray juger,
Ne pensant au danger mais à sa nourriture,
S'empestre à la pantiére. ...*

****

Ce qu'on apprend aux bets dure
jusqu'aux vers.

C'Est à dire , que les premiéres impres-
sions que nous recevons dés l'enfance,
durent jusqu'à la mort ; ce qui se met dans

un vaiſſeau le premier, eſt ce qui en ſort le dernier.

Quo primum eſt imbuta recens, ſervabit odorem
  Teſta diu.

********************* ********************** ***********

Il a fait ſes Roüaiſons.

IL a mangé ſon petit fait. Nôtre meſme
M. de Bras, p. 34. parlant de la Feſte Saint
Romain, & de nôtre Gargoüille; il s'eſt fait,
dit-il, autrefois, & encore du temps de ma
jeuneſſe de grands feſtins, dances, mom-
meries, ou maſcarades audit jour de l'Aſcen-
ſion, tant par les feſturiers de cette con-
frairie ſaint Romain, qu'autres jeunes hommes, avec exceſſives dépences; & s'appelloit
pour lors tel jour, les roüaiſons, à cauſe que
les proceſſions roüent de lieu en autre; &
diſoit-on, comme en proverbe, quand aucuns
débauchés declinoient de biens, qu'ils avoient
fait roüaiſons; à ſçavoir, perdu leurs biens
en trop voluptueuſes dépences, & momme-
ries ſur chariots, qui ſe faiſoient de nuit par
les ruës, quelque ſaiſon d'été qu'il fuſt pour
plus grande magnificence. M. de Bras s'eſt
trompé, quand il a crû, que roüaiſons s'étoit
fait du verbe roüer, car ce mot ſans difficulté,
vient de celuy de Rogations, comme je l'ay
môntré dans mes Antiquités & Etymologies
Françoiſes.

****

Les battus payeront encor l'amende.

« CEla se pratiquoit ainsi , dit Pasquier , par
« la Coûtume de Lorry ; aux autres gages
« de bataille , le vaincu perdoit bien sa cause ,
« mais je ne vois point qu'il fût tenu de payer
« aucune amende. Et par avanture , de là vient ,
« qu'en usage , quand un homme mal-traité
paye l'amende , on dit qu'il est de la Coûtume
de Lorry , où le battu paye l'amende. Pasquier
se trompe , s'il a crû que cela fût seulement
de la Coûtume de Lorry , car il étoit aussi de
celle de Mets , comme nous l'aprenons de
« l'Histoire & de la vie des Evêques de Mets.
« Neantmoins , dit l'Autheur , leur forme de
« gouverner est demeurée fort rude & barbare ,
« jusques au temps de la science de Bertrand ,
« car avant luy on n'écrivoit rien , la plûpart
« des differents se vuidoient au champ de ba-
« taille à coups de mains , & ceux qui avoient
« esté battus , payoient l'amende. Ce fut ce Ber-
« trand qui créa les Treize , qui institua les
« Amans , qui établit les Arches publiques par
« chaque parroisse , & qui donna commen-
« cement aux Traités par écrit. Les Treize
étoient treize personnes choisies de la ville ,
qui jugeoient les affaires civiles & criminelles , & leur Jurisdiction s'est conservée jusques à l'établissement du Parlement qui fut

fait en 1633. Les Amans font efpéces de con-
fervateurs des Actes & Chartres publiques,
nommés autrement Notaires regionnaires,
parce qu'ils font épandus par toutes les Par-
roiffes de la ville. Ainfi il y a l'Aman de fainte
Croix, l'Aman de faint Martin . . . . Ce mot
eft comme je croy fait du Latin *Amanuenfis,*
car en effet ces gens *funt fcriba & amanuen-*
fes publici.

****

Il n'y a ni rime, ni raifon.

POur expliquer cette façon de parler, &
pour fçavoir ce que c'eft proprement
qu'on appelle rime & airs, & d'où viennent
ces mots, il faut tranfcrire les paroles de M.
Saumaife fur Vopifcus. *Rhytmum malè voca-*
mus in noftrâ Poëfi, fyllabarum ad finem cujuf-
que verfus, in eundem fonum recidentium και τὴ
Ληξιν, fic finem rhytmi, rhytmum, και τα χεη-
ςικῶς appellamus. Rythmum in cantione vete-
res vocarunt, quam nos hodie aram cantionis
vulgò dicimus, rythmus énim Latinè numerus
dicitur. Virgil.

Numeros memini, fi verba tenerem.
Æra autem idem quod numérus. Nonius, Æra
numeri nota. Inde nos aram cantionis pro nu-
mero vel rythmo cantionis vocamus : & æra pro
cantionibus, eo modo quo & Latini numeros pro
canticis ipfis & verfibus. Et en un autre lieu

aprés avoir mis les diverses differences qu'il
y a entre le métre ou le vers, & ce qu'on appelloit rythme, il conclut ainsi, *Beda metrum &*
rythmum sic distinguit, ut metrum sit ratio cum
modulatione, rythmus modulatio sine ratione.
Carmen igitur secundùm metri legem compo-
situm & rythmum habet & rationem : quod
verò extra legem factum est, rythmum quidem
habet, sed caret ratione : hinc de re admodùm
inconditâ & absurdâ solemus dicere, eam nec
rythmum, nec rationem in se habere.

****

D'une mesme bouche il souffle le chaud & le froid.

ON dit cela d'un homme double & trom-
peur, auquel il ne se faut point fier : &
il est pris de l'Apologue de l'homme & du
satyre qui avoient lié societé & amitié ensemble. Un jour d'hyver qu'ils disnoient, l'homme porta ses mains à sa bouche, & se mit à
souffler dedans, surquoy le satyre luy ayant
demandé, pourquoy il faisoit cela, c'est, répondit-il, pour échauffer le bout de mes doigts
où j'ay froid : au mesme temps, ce mesme
homme soufflant sur un morceau de viande
qu'il portoit à sa bouche, & le satyre luy
demandant de nouveau, pourquoy il faisoit
cela, c'est, luy répondit-il, pour refroidir
un peu ce morceau de viande qui est trop

chaud: là dessus le satyre rompt avec l'homme en ces termes. Dés à présent je renonce à
ton amitié, & je ne veux plus de societé avec
toy, puis que d'une mesme bouche tu tires le
chaud & le froid.

****

Pauvreté n'est pas vice.

NOus l'avons pris mot pour mot du Grec
πενία οὐκ ἔστιν ἔγκλημα, qui se trouve dans
Philostrate, p. 901. en cette jolie létre qu'un
Amant pauvre écrit à sa maîtresse ; en effet,
quoy que la nécessité aussi bien que la faim,
soit souvent une fort mauvaise conseillére,
& qu'à cause de cela les Poëtes luy donnent
l'epithéte de *malesuada fames*; ce qui faisoit
douter à quelques-uns, si un tuteur pouvoit
estre destitué, à cause de sa pauvreté ; neantmoins l'Empereur decide le contraire dans
le §. 12. du titre des Institutes *de suspectis
Tutoribus.* Horace a dit quelque part *ma-
gnum pauperies opprobrium, jubet quidvis &
facere, & pati, virtutisque viam deserit ardua.*
Claudien, *imperiosa fames,* & *Silius Italicus,*
liv. 13.
Est deforme malum, ac sceleri proclivis egestas.
   Mais d'autre côté Demiphon dit dans le
Phormion de Terence.
*Heus quanta, quanta hæc mea paupertas est,
   tamen—*

Adhuc curavi unum hoc quidem , ut mihi esset
fides.

Et Sinon dans Virgile.

Nec si miserum fortuna Sinonem.
Finxit, vanum etiam mendacémq; improba finget.

****

Employer le vert & le sec.

Employer toutes sortes de moyens pour parvenir à sa fin. Cette metaphore est prise de ceux qui pour faire un grand feu, y mettent le bois vert & le sec. Henry IV. allant voir l'une de ses Maîtresses qui étoit toute seche de maigreur, & qui ce jour là s'étoit habillée de vert, sur ce qu'elle le prioit de l'excuser, si elle ne le recevoit pas assés bien; je suis trop raisonnable, dit-il, pour ne le pas faire, car je voy que pour cela vous n'oubliés rien, & que vous employés le vert & le sec. Ce mesme Prince ayant surpris cette mesme femme, dont il n'étoit pas trop piqué, avec un de ses autres galants qui s'étoit caché sous le lit; comme on luy eut servit la colation, il se mit, faisant semblant de badiner, à jetter quelques morceaux de pain, & quelques fruits sous ce lit, puis se tournant vers cette Dame, encore faut-il, luy dit-il, que tout le monde vive. Je tiens ces deux historiétes d'une personne autant illustre par son esprit & par sa vertu, comme elle l'est par sa naissance.

Aprés

****

Aprés la panse vient la danse.

THeophraſte, au charactere de l'Incómo-
de & indiſcret, qui fait des contre-temps,
περὶ τῆς ἀκαιρίας, met celuy qui voulant danſer & bouffonner, préſente la main à un autre
qui eſt encore à jeun, καὶ ὀρχούμενος ἅψα-
ϑαι ἱταίρε μηδέπω μεϑύοντος. On ne peut rien
aporter plus à propos ſur ce ſujet, que ce que
firent les Iſraëlites, aprés avoir adoré le veau
d'or, *ils s'aſſirent*, dit le texte, *pour manger*
& boire, & puis ſe leverent pour joüer. Exod. 32.
6. & 1. Cor. 10. 7. Pour joüer, c'eſt à dire,
pour chanter & danſer. Car Moyſe deſcen-
dant de la Montagne, oüit le bruit des chan-
ſons, & vit le veau & les danſes, comme il
eſt dit en Exode, ch. 32. 18. & 19.

****

Il en veut manger.

CE qu'on dit autrement, il en veut decou-
dre, c'eſt à dire, il veut combatre. Dans
des Eſſars, ch. 51. *Toutefois, ou par crainte, ou*
pour obeïr au Roy Armate, Alforax n'en vou-
lut manger pour ce coup, c'eſt à dire, qu'il
ne voulut point accepter le combat qui luy
étoit offert. Et dans les grandes Chroniques

L

de Bretagne, l'Auteur parlant de la journée de
Marignan, où François I. défit les Suisses : ils
furent, dit-il, receus vertueusement, nonob-
stant qu'il y en eut qui n'en voulurent onques
manger, & regardoient par où ils fuiroient.
Il n'y a rien de plus commun en la bouche
des enfans, que de dire, en veux-tu manger,
pour gourmer. Guichard en son Harm. Etym.
p. 475. dit que le mesme mot Hebreu *Latham*,
signifie se batre & manger, à cause de la commune signification de ce verbe, tant de manger que de batailler ; par cette allusion , les
grands mangeurs sont appellés en Grec ἐπι
δειπνομάχοι, comme il se voit dans Athénée
& dans Ælien.

✶✶✶✶✶✶✶✶✶✶✶✶✶✶✶✶✶✶✶✶✶✶✶✶✶✶✶✶✶✶✶✶✶✶✶✶✶✶

La nuit tous chats sont gris.

CEla se dit à ces gens qui donnent trop à
la beauté, & qui, comme disoit Olympias,
mére d'Alexandre, ὀφθαλμοῖς γαμεῖσθαι, qui se
prennent & se marient par les yeux: Nous
l'avons imité de la réponce qu'une Dame
Grecque fit à Philippes , πᾶσα γυνὴ τοῦ λύχνου
ἀρθέντος ἡ αὐτή ἐστι, la chandelle éteinte toutes les femmes sont semblables. Ce qu'Erasme a tres mal à propos voulu interpréter au
desavantage des Dames : car voicy la vérité
de l'histoire, suivant que Plutarque la raporte en son Traité des précéptes du Mariage.

Une Dame tres-belle, mais encor plus chaste, pressée & sollicitée de son deshonneur par Philippes, employa diverses considerations pour éteindre la passion de ce Prince, & entr'autres, elle luy dit, que ces foibles charmes qu'il trouvoit dans ses yeux & sur son teint, s'évanoüiroient la nuit, & que lors que les flambeaux seroient ostés, la plus belle personne du monde ne differeroit pas de la plus laide.

****

Bâtir des châteaux en Espagne.

J'Ay vû là dessus trois opinions ; l'une de Pasquier ; l'autre de M. des Jveteaux Conseiller d'Etat ; & la troisiéme de M. de Grentemesnil. Le premier au 8. liv. de ses Recherches, ch. 17. s'explique en ces mots. Nous usons de ce proverbe contre celuy qui en ses discours pourpense à choses oyseuses, & qui luy doivent tourner à neant, & vient de ce qui a esté de tout temps pratiqué en Espagne, où vous ne rencontrés aucuns châteaux : ce qui fut ainsi trouvé à propos, pour empescher que les Maures, qui faisoient ordinairement plusieurs courses, ne surprissent quelques châteaux de force ou d'emblée, où ils auroient moyen de faire retraite ; c'est pourquoy on a dit que celuy faisoit des châteaux en Espagne, quand il pense à par soy à chose qui n'est

« faiſable, que pleuſt à Dieu, je diray cela en
« paſſant. Que nos anceſtres euſſent apris la
« meſme leçon. Surquoy ayant conſulté M. des
Jveteaux, qui a vû l'Eſpagne avec ſoin, & luy
demandant comme cela s'ajuſteroit avec ce
que dit Malherbe en ſa priére pour le Roy,
allant à Sedan.

Par la fatale main qui vangera nos pertes,
L'Eſpagne pleurera ſes Provinces deſertes,
Ses châteaux abatus & ſes champs deconfis. ...

Voicy ce qu'il me répondit. Nous au-
« tres bons François aurions ſujet de nous
« réjoüir, s'il n'y avoit point de châteaux en
« Eſpagne : elle ſeroit bien-toſt nôtre con-
« queſte. Outre que vous le pouvés ſçavoir par
« la Geographie, la Carte particuliére, & les
« Hiſtoires, je vous puis aſſeurer pour en avoir
« fait le circuit, que ſoit du côté des Corbiéres,
« des Pirenées, & des mers qui l'environnent ;
« ſoit dans les pleines, & ſur les montagnes qui
« la diviſent avec les riviéres en tant de Royau-
« mes ; qu'il y a plus de villes fortifiées & de
« citadelles à la moderne, & plus d'anciennes
« tours tres-fortes d'Alhambras & d'Atalayas
« à proportion, qu'il n'y en a en France. Je rem-
« plirois deux pages des noms ſeuls de châteaux
« d'Eſpagne, dont j'ay les plans à ma poſſeſſion.
« Et ce que l'on dit, bâtir des châteaux en Eſpa-
« gne, vient de ce qu'en l'an 700. les Arabes &
« les Maures, ayât paſſé le détroit pour l'intéreſt
« du Comte Julien, contre le Roy Roderic,
« ils démolirent tous les forts à meſure qu'ils

gagnoient du terrain : mais comme ils eurent «
remporté cette fameuse bataille, où Dom Ro- «
deric perit, tous les Chefs diviférent le Royau- «
me des Gots, & s'erigérent en autant de Roite- «
lets, & pour se maintenir les uns contre les «
autres, & se garantir des courses que le reste «
des Gots, sous Dom Bernardo Delcarpio, fai- «
soit sur eux ; ils bâtiſsoient à chaque pas des «
châteaux, dont on en voit encore une infinité «
sur pied ; & à cause de cette multitude de châ- «
teaux, le mot de bâtir des châteaux en Espa- «
gne, est venu, & Pasquier a refvé de dire le «
contraire, & Malherbe a eu raison de sou- «
haiter qu'on les abate. Le sentiment de M. des
Yveteaux va donc là, que bâtir des châteaux
en Espagne, seroit faire une chose ridicule &
inutile, comme qui porteroit de l'eau en la
mer, ou des fueilles au bois. Enfin, M. de Grentemesnil conjecture que ce proverbe est né du
temps de Bertrand du Guesclin, que nous
portasmes nos armes en Espagne, y fiſmes de
grandes conqueſtes, & nous y fortifiaſmes :
qu'il n'étoit pas lors fils de bonne mére qui
ne crût y avoir part, qui ne se promît de s'y
établir ; & que pour cela l'on disoit des jeunes
avanturiers qui se promettoient merveilles, &
se repaiſsoient de grandes esperances, qu'ils
bâtiſsoient déja des forts ou des châteaux en
Espagne. Pour le dire en passant, cette façon
de parler, *il n'est pas fils de bonne mére*, n'est
pas si baſse comme on le croit, & il n'y a pas
encore long-temps qu'elle entroit dans le

plus ferieux & grand ftile. M. du Vair s'en eft fervi en fes Meditations fur Jeremie. Sa honte & fa vergogne, dit-il, parlant de Jerufalem, a efté expofée aux yeux de tout le monde ; l'un luy demandoit où étoient fes richeffes ; l'autre où étoient fes honneurs, il n'étoit pas fils de bonne mére qui ne luy fit quelque affront. La derniére opinion s'ajufte admirablement bien avec l'ufage & l'employ du proverbe ; mais il fe trouve qu'on s'en eft fervi dés le temps de Guillaume de Loris, & de Jean de Mehun, qui vivoient fous le régne de faint Loüis, & Philippes le Bel, plus de cent ans devant Charles V. & Bertrand de Guefclin, car dans le Roman de la Rofe, le Dieu d'Amour eft introduit faifant ainfi leçon à l'Amant,

Quand les nuits venuës feront
Mille déplaifirs te venront,
Telle fois te fera avis
Que tu tiendras celle au cler vis,
Du tout ta mie & ta compagne,
Lors feras châteaux en Efpagne,
Et fi auras joye à neant.

Et dans le teftament de l'Amant outré, fol. 153.

Je laiffe aux vivans d'amourétes,
Qui marchent deffus épinétes,
Faire des châteaux en Efpagne,
Puis aller toucher les cliquétes
De l'huis de leurs Dames avenétes,
Et baifer feulement l'enfeigne.

****

Il est bien hardy sur son fumier.

IL ressemble au coq, de qui les Grecs & les Latins ont dit, *Gallus in suo sterquilinio plurimùm potest.*

****

D'Evesque devenir meusnier.

CHanger en pis de profession ou de condition ; de riche & heureux, devenir pauvre & misérable ; ce que les Grecs & les Latins ont dit *ab equis ad asinos.* Quelques-uns, entre lesquels est M. Cotgrave, dans son Vocabulaire Anglois & François, croient que d'un aufmonier l'on a fait par corruption un meufnier, & qu'on difoit premiérement, d'Evesque devenir aufmonier. On debite là dessus un conte fait à plaisir, que je ne croy pas devoir raporter, quoy que je le tienne d'un Magistrat fort homme d'honneur.

****

Baiser le verouil.

REndre hommage. Anciennement, comme je l'ay remarqué ailleurs, le Seigneur étant présent, son vassal le baifoit par la bou-

che, s'il étoit gentilhomme, ou par les mains,
s'il étoit roturier ; mais si le Seigneur étoit
absent, il suffisoit de baiser le veroüil, la
serrure de la porte, ou la porte mesme du fief
dominant, comme il se voit dans la Coûtume d'Auxerre, article 44. dans celle de Berry,
tit. 5. art. 10. & dans celle de Sens, art. 181.
& c'est la mesme chose que faisoient les
loyaux Amants dans Lucrece, liv. 4.

At lacrymans exclusus amator limina sæpè
Floribus & sertis operit, postésque superbos
Vngit amaracino, & foribus miser oscula figit.

Voyés cy-devant bâtir des châteaux en
Espagne.

****

Il sçait bien le tour du bâton.

CEla se dit d'un homme subtil, fin &
adroit, qui sçait le moyen de gagner &
de faire sa main, comme, on dit. Je pense que
cette façon de parler a esté prise des joüeurs
de passe-passe, & de gobelets, qui ont toûjours
en main un petit bâton : où bien des Maîtres
d'hôtel qui ont un bâton, & qui souvent sont
soupçonnés de ferrer la mule.

❊✧❊✧❊✧❊✧❊✧❊✧❊✧❊✧✧❊✧❊✧❊✧✧❊✧❊✧❊✧✧❊✧❊✧❊✧❊✧❊✧❊✧❊✧❊✧❊✧❊✧❊✧❊✧❊✧✧❊

Chevaucher le balay, rôtir le balay.

LE premier se dit des sorciers qui vont au sabat affourchés sur un bâton, comme le raportent de l'Ancre, Sprenger, du Loyer, & les autres Autheurs allegués par Delrio dans son traité des Disquisitions Magiques. Nôtre Peuple se sert de l'autre façon de parler, pour dire boire pinte, & brûler le fagot ensemble, se réjoüir devant beau feu, mesme jusqu'à en venir à bruler le balay, faute d'autre bois : on dit en pareil sens, payer pinte & fagot. M. de la Motte du Vayer, en son Instruction de Monseigneur le Dauphin, parlant de la magie; quelle apparence qu'autant de fois qu'une vieille voudra marmoter deux mots du grémoire, & mettre un balay entre ses jambes, satan soit tenu de la transporter par la cheminée là où elle voudra. Dans les Poësies de Villon, cela s'appelloit autrement, chevaucher l'escouvette, *scopa*, *scopeta*: les sorciers s'appelloient chevaucheurs d'escouvettes; *& le dûst-on brûler comme un chevaucheur d'escouvette.*

✻✻

Prenés vous garde, l'on jette des pierres dans vôtre jardin.

ON se sert ordinairement de cette expres-
sion, quand on veut dire à quelqu'un
qu'il se donne de garde, qu'on luy en veut,
qu'on le menace, qu'on luy baille sur les
doigts, qu'on tâche de l'atraper. Pourroit-on
tirer cela de ce qu'Ulpien en la Loy 9. du titre
du Digeste des Crimes extraordinaires a remarqué en ces mots: *sunt quæ more Provincia-*
rum coërcitionem solent admittere, ut putà in
Provinciâ Arabiâ Cκοπέλισμον, idest, lapidum
positionem crimen appellant, cujus admissum tale
est. Plerique inimicorum solent prædium inimici
Cκοπελίζειν, idest, lapides ponere jndicio futuros:
quòd si quis agrum illum coluisset, malo letho peri-
turus esset insidijs eorum, qui scopulos posuissent;
quæ res tantum timorem habet, ut nemo ad eum
agrum colendum accedere audeat, crudelitatem
eorum timens, qui scopelismum fecerint: hanc rem
præsides exequi solent graviter usque ad pœnam
capitis. Ou bien raporterons-nous cela à ce
jet solennel d'une pierre, dont il est souvent
parlé dans nos Autheurs, & qui se faisoit, *In*
operis novi nuntiatione.

Trié sur le volet.

ON dit cela de quelque chose fort choi-
sie, & de grand prix. Le mot de volet
signifie diverses choses: quelquefois une fléche
tres deliée & legére, du Latin, *volatile*, *volatile ferrum*. Parmi nous on appelle ainsi ce
petit huiffet ou cloison de fenêtre, que l'on
ferme fur la vitre, & peut-eftre a-t-on dit
volet pour *valvulet de valvula*. Mais quelquefois auffi il signifie un petit ais, ou tabléte,
qui fert à faire triage des chofes menuës,
comme graines, & autres femblables, *pina-
cidion excretorius abacus delectus habendi ta-
bella*, comme parle Monet : de là l'on dit, trié
& choifi fur le volet, *ad abacum delectus*. Nous
donnons encore le nom de volet, à ce que
l'on appelle du ruban, une aune de volet,
blanc, vert rouge… Je ne fçay d'où nous avons
pris ce mot: pour ruban, les Anglois difent
riband : & Ronfard l'écrit ainfi,
Que ni les cotes violétes,
Les ribans ni les ceinturétes.
Ils difent auffi à garlant, & nous ufons du
mot de galand en pareille fignification : ils
ufent encore du mot à filet, pour dire une
bandeléte.

****

En faire venir l'eau à la bouche, métre l'eau à la bouche.

EN faire naître l'envie ou le defir, ce que les Latins ont dit *falivam movere, hoc eft, appetitum feu defiderium ciere*, comme il fe voit dans Seneque, Epit. 89. *nempe quia*, dit le fçavant M. Voſſius, *quæ ὁ πεϟν cient, excitant in ore falivam velut miniſtram faporis. Vnde & pro guſtu accipit Perſius, cùm ait, Turdorum noſſe falivam: & apud Plinium vini faliva.* Les Flamands diſent à peu prés en meſme fens que les Romains & nous, *de tanden VV aterich naken.*

****

Haut le bois, porter bien ſon bois.

FAire alte, s'arreſter; parce que quand on fait alte, l'on tient les piques hautes : car dans les vieux Autheurs ce mot eſt pris fouvent pour une lance : au 3. liv. d'Amadis, adonc baiſſerent leurs lances, & donnant des éperons à leurs chevaux, coururent l'un contre l'autre de ſi grande roideur, que leur bois vola en éclats. De là a on dit qu'un cavalier portoit bien ſon bois, lors qu'il porte bien ſa lance dans la lice ; & par metaphore, une femme de belle taille & de grand port, & de grave démarche, eſt dite porter bien ſon bois.

Avoir

****

Avoir pignon sur rüe.

AVoir du bien, & dequoy répondre, avoir des maisons. Ce mot signifie diverses choses, pignons, sont pommes de pin, *nuces pineæ, quasi* pinons, que Martial appelle *poma Cybeles.*

Poma sumus Cybeles, procul hinc discede viator,
  Ne cadat in miserum nostra ruina caput.

A quoy se raporte ce qu'écrit Macrobe, l. 1. ch. 6. de ses Saturnales : le Peuple ayant jetté quelques pierres contre Vatinius , lors qu'il donnoit le spectacle des Gladiateurs ; les Ediles par leur ordonnance , défendirent à toutes personnes de jetter rien dans l'aréne que des pommes : surquoy Casellius Jurisconsulte ayant esté consulté , *an nux pinea pomum esset,* répondit, *si in Vatinium missurus es, pomum est:* de pignons on a fait pignolat , *strobili vel nuclei pinei saccharo conditi.* Pignon aussi, ou peignon, signifie quelquefois ce qui reste de la laine aprés qu'on la peignée , *postquàm carminata fuit lana.* Mais pignon , au sens qu'on l'employe icy pour comble, faiste, summité, pignon de pavillon, de tour, de muraille , vient ou de *pinna pinnione,* comme oignon, *de unione,* ou de *tignum ,* le T se changeant souvent en B; ou bien de ce qu'au faiste des maisons on mettoit une pomme de pin , ou que la pointe du

M

gable, diminuë peu à peu en forme de pomme de pin.

****

Ie n'en donnerois pas un niquet.

POur exprimer le mépris, & le peu de valeur de quelque chofe : Budée en termes de Plaute dit, *non emptitem titivillitio.* Nicot dans fon Dictionnaire met ce proverbe, mais fans en rendre la raifon ; que Jean le Févre Seigneur de S. Remy, nous apprend en fon hiftoire de Charles VI. ch. 113. Pendant, dit-il, le fiége de Meaux en Brie, fut ordonné à Paris au Confeil du Roy, que la monnoye nommée Fleuréte, qui de feize deniers avoit efté mife à quatre, feroit derechef diminuée & mife à deux deniers, & l'écu d'or, qui avoit couru à neuf francs, fut mis à dix-huit fols parifis, & furent forgés falus d'or, qui eurent cours pour vingt-cinq fols tournois la piéce ; en icelle monnoye avoit deux écus de France & un d'Angleterre ; & au regard de la blanche monnoye, on forgea doubles qui eurent cours pour deux deniers tournois, & depuis furent nommés niquets.

****

Avoir un front d'airain.

CEla se dit d'un homme extraordinairement impudent , qui ne rougit, & n'a
honte de rien. Les Grecs ont appellé telles
gens χαλκοπρόσωποι. Saint Chrysostome en
son Traité contre les Juifs ἄχρι τ' Φημὶ ὁ μακα-
ριώτατος Ἡσαΐας. γινώσκω ὅτι σκληρὸς εἶ σύ
(πρὸς τὸν λαὸν τὸν Ἰουδαϊκὸν) καὶ νεῦρον σιδηροῦν
ὁ τράχηλός σου (τουτέστιν ἀκαμπὴς) καὶ τὸ μέτωπον
σοῦ χαλκοῦν, τουτέστι ἀναίσχυντον, οὕτω γὰρ καὶ ἡμῖν
ἔθος πολλάκις τοὺς εὐτελείαν μὴ εἰδότας χαλκοπρο-
σώπους καλεῖν. Les Latins ont dit en pareil sens,
os ferreum. Voyés Suetone en la vie de Neron,
& Artemidore, liv. 1. ch. 24.

****

De trois choses Dieu nous gard ; d'Et-cætera de Notaires, qui proquo *d'Apotiquaires,* boucon de lombars frisquaires.

FRisque ou frisquaire, signifie souvent un
homme guay, enjoüé, plaisant ; mais il
signifie aussi quelquefois un matois, un homme fin & délié : c'est en ce sens qu'il se trouve
employé dans ce proverbe, que Henry Estienne

raporte au premier livre de son Apologie, & c'est ainsi que s'en servent aussi les Anglois, comme M. Cotgrave le remarque dans son Vocabulaire.

Pour ce qui est du *qui pro quo,* c'est à dire, une bevuë, une méprise. On y ajoûte ordinairement le mot d'Apotiquaire, parce qu'il arrive assés souvent, que ces gens prennent une drogue pour l'autre, aux dépens de la bourse, & quelquefois de la vie du malade. Témoin celuy de Blois, qui ayant trouvé l'ordonnance du Medecin, ou entr'autres choses, il y avoit écrit *agarici optimi,* mais en abregé, & de cette sorte *opti,* il lût *agarici opij ;* & en effet, il méla tellement de cét *opium* parmi la medecine, que si le Medecin voyant l'operation toute contraire à celle qu'il esperoit, n'eust découvert la faute, le patient eust esté malade pour la derniére fois. Au lieu de *qui pro quo,* il faudroit écrire *quid pro quo, aliquid pro aliquo, aliqua res pro aliquâ, seu aliâ re.* Entre les Traités de Nicolaius, il y en a un qui porte pour titre, *quid pro quo,* où il fait une longue enumeration des drogues plus communes, que l'on peut prendre au défaut des autres drogues que l'on n'a pas : & il en donne ces exemples. *Pro abrotano, absynthium vel origanum. Pro auripigmento, sandaracka. Pro agarico, epithimum vel euphorbium. Pro corallo, symphitum. Pro floribus amygdalarum, viola. Pro lepore marino, cancer fluvialis.* Et en cela les Apotiquaires, ou ignorans, ou pau-

vres, se trompent souvent, & mettent, non
pas ce qu'on leur ordonne, mais ce qui leur
tombe sous la main.

Et cætera, est un terme fort usité dans les
contracts, & qui souvent a causé des procés.
On dit qu'une femme l'entendant un jour pro-
noncer dans la lecture qu'on faisoit de son
traité de mariage, *remportera ladite future
épouse, sa chambre garnie, ses bagues, joyaux,
& cætera*; & croyant qu'on lisoit, & se taira,
arresta tout court le Notaire, en disant qu'elle
n'en feroit rien, & qu'elle ne se tairoit point,
mais qu'elle parleroit toûjours, tant & si peu
qu'elle voudroit.

✳✳

Tirer de Page, sortir de Page.

REndre ou devenir maître de ses actions,
tirer de la servitude, & de la sujetion.
Celle où l'on tenoit autrefois les Pages étoit
grande, comme il se voit dans du Fauchet:
aujourd'huy cette education ou discipline a
bien relâché de sa severité. Nos Histoires
disent que ce fut Louis XI. qui mît les Rois de
France hors de page, c'est à dire, qui apprît à
ses Successeurs, & leur donna le moyen de
commander de puissance Royale, & dire *si
volo, sic jubeo. Louis XI.* dit Mezeray, *ayma
mieux suivre ses fantaisies dereglées, que les
sages loix de l'Etat; & il fit consister sa grandeur*

M iij

dans l'oppreſſion de ſes Peuples , dans l'abaiſſe-
ment des Grands, & dans l'élevation des gens
de neant. C'eſt ce qu'un autre a appellé, mettre les
Rois hors de page; il devoit dire, les mettre hors
du ſens, & de la raiſon.

****

Tenir le loup par les oreilles.

CEla ſe dit de celuy qui dans une affaire
douteuſe & embarraſſée, ne ſçait quelle
réſolution prendre, y voyant du péril de tous
côtés. Nous avons pris ce proverbe des Latins, qui diſent en pareil ſens, *auribus lupum
tenere.* Voyés Eraſme, & les Commentaires
de Suétone, & de Terence.

****

Le dé en eſt jetté.

LA réſolution en eſt priſe , il en faut tenter le hazard. Nous l'avons pris du Latin *jacta eſt alea:* ce fut ce que dit Ceſar étant
preſt de paſſer le Rubicon, & les Latins l'ont
pris des Grecs ἐρρίφθη ὁ κύβος.

✠✠✠✠✠✠✠✠✠✠✠✠✠✠✠✠✠✠✠✠✠✠✠✠✠✠✠✠✠✠✠✠✠✠✠✠

Prenés-vous par le bout du nez.

ON se sert de cette façon de parler, quand on veut dire à quelqu'un, que c'est à faux qu'il nous accuse, & que c'est justement qu'on luy reproche qu'il est coupable du crime, dont il veut noircir les autres.

Turpe est doctori, cùm culpa redarguit ipsum :
Mavius accusat Gracchos, Catilina Cethegum.

    Cela est pris sans doute de nôtre ancienne Coûtume, au Tit. des querelles qui naissent de medit., dont voicy les termes. Nous avons   « dit des querelles personnels qui naissent de   « fait, or dirons de celles qui naissent de dit.   « Celles querelles naissent de ledanges, que les   « uns disent aux autres, & pource doit l'en sça-   « voir que les unes des ledanges sont criminaux   « & les autres simples ; la criminelle, celle   « dequoy homme auroit desservi à perdre vie ou   « membre, se étoit vérité que l'on luy dît, si   « comme aucun reproche à l'autre larcin ou ho-   « micide, ou aucun autre crime dequoy il eust   « desservi, a estre condamné à mort deshonne-   « ste, & pource doit l'en sçavoir, que si la plainte   « est faite de ledange, & cil qui en est querelle   « le reconnoist, & en est atteint, la Justice luy   « doit faire griefvement amander par le châ-   « tel, & si doit faire amende à celuy que il a   « ledangié, si que il se prenne par le bout du nés,   «

" & die; de ce que je t'ay appellé larron, ou ho-
" micide, ou ce dequoy il est atteint, je ay
" menti, car ce crime n'est point en toy, & de
" ma bouche dont je le dis, je suis mensonger.
" Et ce doit estre fait en assise, ou en plets, ou en
" Eglise à jour solennel, afin que il apaire que
" le vice que il luy mist sus ne soit pas en luy,
" pource que celuy qui luy dist s'en reconnoist
" mensonger. En simple ledange se cil qu'il a
" dit en est atteint, il le doit amander à la Ju-
" stice, & à celuy qu'il ledange, & doit dire sim-
" plement que la vilanie que il luy dist par folie,
" n'est pas en luy.

✳✳✳✳✳✳✳✳✳✳✳✳✳✳✳✳✳✳✳✳✳✳✳✳✳✳✳✳✳✳✳✳✳✳✳✳

Bailler les Innocents.

ON dit le jour ou la feste des Innocents:
les Flamands l'appellent le jour de tous
les enfans, en Grec παιδοκτονία. Jour auquel
Herode fit mourir tous les enfans de la Judée,
comme il est raporté dans l'Evangile, & cela
avec tant de cruauté, qu'il n'épargna pas son
propre fils, si l'on en croit Macrobe, livre 1.
ch. 4. de ses Saturnales, où il raporte, qu'Auguste ayant oüy parler de cette horrible
boucherie, dit qu'il eust mieux vallu estre
le pourceau que le fils d'Hérode. Les enfans sont appellés Innocents, à cause de leur
âge, encore incapable d'aucune méchante
action,

Que je porte d'envie à la troupe innocente
De ceux qui massacrés d'une mort violente :
dit nôtre Malherbe. Au reste, quoy que la
mémoire de cette sanglante Tragédie ne
doive faire naître que des pensées de piété, &
des sentimens de compassion ; neantmoins, il
se pratique en Normandie, & ailleurs, une
coûtume badine & ridicule, qui est, que ce
jour des Innocents, les plus éveillés & dili-
gens à se lever matin, vont surprendre les
paresseux & les endormis, & les foüéter dans
leur lit, & cela s'appelle bailler les innocents
à quelqu'un. Le mot d'innocent, aussi bien
que ceux de simple & de bon homme, se prend
quelquefois pour un foible & imbecille, un
homme de petit sens : Marot, pour dire en une
parole donner les Innocents, a fait le verbe
innocenter, c'est en cette Epigramme:

Tres-chére sœur si je sçavois où couche
Vôtre personne au jour des Innocents,
De bon matin j'irois en vôtre couche,
Voir ce gent corps que j'ayme entre cinq cens ;
Adonc ma main veu l'ardeur que je sens,
Ne se pourroit bonnement contenter
De vous toucher, tenir, taster, tenter :
Et si quelqu'un survenoit d'avanture,
Semblant ferois de vous innocenter,
Seroit-ce pas honneste couverture ?

****

Il a bien d'autre lanfais à sa quenoüille.

IL eſt bien embaraſſé d'autres affaires, il a bien d'autres fuſées à démêler. Lanfais eſt un mot dont ſe ſert nôtre Peuple, pour dire de la filaſſe qu'on met à la quenoüille, proprement de la filaſſe de chanvre : je ne ſçais ſi ce mot auroit point eſté corrompu du Latin *lanificium*.

****

Faire ripaille.

FAire bonne chére. Ce qu'en avoit dit Enguerrand de Monſtrelet, vol. 1. de ſes Chroniq. p. 103. & ce qu'en ont dit enſuite quantité d'autres, *qui eunt non quà eundum, ſed quà itur*, que le Duc Amé s'étoit retiré à Ripaille, avec quelques autres Seigneurs, & vingt de ſes Officiers pour le ſervir, & qu'au lieu de racines & d'eaux de fontaine, il ſe faiſoit apporter du meilleur vin, & des meilleures viandes qu'on pouvoit trouver ; tout cela ſemble détruit par ce que diſent Marius & Æneas Sylvius, témoins oculaires de l'auſtérité extrême, dans laquelle vivoit ce Prince, comme le raporte Jean Laët en ſa Republique de Savoye, pag. 167. là où ſe voit com-

bien s'eſt trompé celuy qui a mis des notes
aux marges d'Anguerrant, ou de Monſtrelet,
car en Latin on l'appelle quelquefois ſimple-
ment *Enguerrandus*, a lieu, dit-il, de Thounon,
il faut peut-eſtre Turin , & en lieu de Ripaille,
Rivole. Mercator dans la Deſcription du
Royaume d'Arles , pag. 148. dit que prés du
Lac de Lauzane , & aux quartiers voiſins ſe
recueille le généreux vin appellé de Ripaille,
de la rive du Lac. Et ainſi ſans ternir la
mémoire de ce Prince , on pourroit dire que
faire Ripaille , ſeroit à dire , boire du meilleur vin.

****

L'on crie tant Noël, qu'à la fin il vient.

C'Eſt à dire, qu'une choſe qu'on a bien
attenduë, & dont on a long-temps parlé,
ſe fait & arrive, enfin. On aporte diverſes
etymologies de ce mot de Noël. Nicot croit
qu'il eſt agregé de l'Hebreu Emanuel. Jean
le Maire en ſes Illuſtrations de la Gaule , le
veut tirer du mot de Noé. Certes, dit-il, on "
connoiſt bien que ce nom de Cham ſonne "
mal, & eſt diſſonant du nom du bon pére "
Noé , lequel juſques aujourd'huy en toutes "
joyes publiques , ſi comme à la Nativité de "
nôtre Seigneur , & aux entrées des Princes, "
& à la publication d'une paix, comme elle fut "
dernièrement à Cambray, eſt acclamê & voci- "

" feré par la tourbe des Enfans Noé, Noé,
" Noé, Noé, si n'ha on garde de crier le nom
" de Cham. Il vient de *Natalis, Natalis comes,*
Noël le Conte, Autheur de la Myhologie : &
il y a plusieurs personnes, hommes & femmes,
qui portent ce nom propre de Noël, ou Noël-
le : or parce qu'aux priéres & dans les hymnes
qui se font durant l'Avent, ce mot est souvent
repeté ; delà nous avons dit, pour exprimer,
qu'une chose long-temps prédite ou attenduë
arrivera, qu'on crie tant Noël qu'à la fin il
vient.

❊❋

On en fait bien les sings sonner.

ON fait bien du bruit de quelque chose.
Sing est un ancien mot qui signifie une
cloche, d'où l'on a fait le mot de tocsain du
Latin *signum*, qui se trouve en cette signification dans Mathieu Paris, Gregoire de Tours,
& les autres ; les cloches étant appellées
signes, parce qu'elles servoient de signe ou
marque, pour se trouver à l'Eglise.

Au reste, l'usage des cloches est une inven-
tion des derniers siécles, & elles étoient in-
connuës aux Anciens : ce qui paroist par les
noms de *campana*, & de *nola*, qui ne se trou-
uent point dans les vieux Autheurs, & ce qui
se prouve encore manifestement, parce que
Vincent raporte en son miroir Historique,
lie. 18,

liv. 18. ch. 9. & 10. où il parle de Loup Evêque
d'Orleans, *is pulsando campanas in templo Ste-*
phani, apud Senonas (quo signo convocare solebat
populum) exercitum Clotharij, qui muros obsi-
dione cinxerat, adeò terruit, ut omnes, sese in
fugam verterint, par où l'on voit, que du têps de
Clothaire, c'est a dire, en l'an 610. les cloches
étoient peu ou point connuës ; ce qui pourtant
sembleroit d'abord faux ; car Gregoire de
Tours, liv. 1. ch. 13. dit que du temps de Sido-
nius Apollinaris, qui vivoit en l'an 480. les
Auvergnats usoient de sings ; mais peut-estre
qu'elles étoient petites, & en petit nombre, &
que Loup en fit fondre de grosses, & capables
par leur son, de donner de l'éfroy, & de dis-
siper les nuages & le tonnerre, car c'est l'un
de leurs nsages ;

Laudo Deum verum, plebem voco, congrego cleru,
Defunctos ploro, fulmen fugo; festa decoro.

****

Cela vous est hoc.

JE vous accorde ce point, tenés vous-en
seur, je dis oüy à cela, j'y consens. En
France, dit Scaliger, il y a trois langues dif-
ferentes, qui ne s'entendent point les unes les
autres, le Basque, le Breton, & le Romain.
Le Romain est divisé en langue tortuë & langue Françoise. Dans les anciennes Coûtumes
du païs de France, il y avoit deux Gouver-

neufs en tout le Royaume, qui étoient Princes du sang, oncles du Roy: l'un à Paris, qui étoit pour toute la France: l'autre à Montpellier, qui étoit pour toute la langue tortuë. Il n'y a que 150. ans que l'on a distingué en langue d'oc, & langue d'oüy: car une partie disent oc pour oüy, & en Agenois on le dit encor; ce qui est corrompu de *hoc.* Quand on demande, est-ce cela, *Hoc,* comme les Espagnols & les Italiens ont fait leur *Si. estne ita, sit, detracto, c.* La langue d'oc, approche bien plus du Latin que la Françoise, & un homme qui sçaura parler Latin, apprendra bien plûtost le Gascon, que le François.

✱✱✱✱✱✱✱✱✱✱✱✱✱✱✱✱✱✱✱✱✱✱✱✱✱✱✱✱✱✱✱✱✱✱✱

Ie luy en bailleray depuis miferere, *jufques à* vitulos.

C'Est à dire, je le froteray bien, & l'étrilleray d'importance: je luy donneray autant de coups qu'on en peut donner dans le temps qu'il faut à chanter le pf. 50. qui se commence par *miferere*, & finit par *vitulos.* Car le premier verfet se dit ainfi dans la verfion vulgate, *Miferere mei Deus, secundùm magnam misericordiam tuam* : & le dernier est couché en ces termes, *Tunc acceptabis facrificium juftitiæ oblationes & holocaufta, tunc imponent fuper altare tuum vitulos.*

****

Außi bien sont amourétes, sous bureau que sous brunétes.

C'Est ce qui se peut dire en termes de Virgile, *omnia vincit amor*, & en termes de Malherbe :

L'Amour a des rigueurs à nul autre pareilles,
   On à beau le prier,
L'inflexible qu'il est se bouche les oreilles,
   Et nous laisse crier.
Le pauvre en sa cabane où le chaume le couvre,
   Est sujet à ses loix,
Et la Garde qui veille aux barriéres du Louvre,
   N'en défend point nos Rois.

Buré ou bureau, dit Nicot, c'est un drap mélangé de petit prix, dont les serfs & menu peuple souloient estre accoûtrés, *synthesis.* M. Saumaise sur l'histoire Auguste : *Byrrhus lacerna byrrhi coloris, hoc est, ruffei; sic in lib.* I. *Cod. Theodos. scribi reperies, servos tamen omnium aut byrrhis uti permittimus aut cucullis. Byrrhus Latinis idem quod rufus vel ruffus, ex Graco πυῤῥος,* brun & brune, c'est à dire, noiraftre. Nicot se trompe qui le veut tirer du Latin *umbra*, parce, dit-il, que l'ombre semble donner une couleur noire aux chofes. Il vient de l'Allemand braün, d'où les Italiens ont aussi fait leur bruno. Turpin dans la vie de Charlemagne. *Erat Carolus capillis brunis, facie rubeus.* Sur la brune, c'est à dire, *fur le foir, ineunte nocte,* quand il commence à faire noir.

Vôtre mary à fortune
Opportune,
Si de jour ne veut marcher,
Il pourra bien chevaucher
Sur la brune.

Difoit autrefois Marot à une Belle brune. De brune on a fait brunéte, qui fe prend pour une étoffe fine, & de couleur tirant fur le noir, dont les perfonnes de qualité s'habilloient, & dont il eft fouvent parlé dans nos vieux Autheurs.

✳✳✳✳✳✳✳✳✳✳✳✳✳✳✳✳✳✳✳✳✳✳✳✳✳✳✳✳✳✳✳✳✳✳✳✳

Chere d'homme fait vertu.

URget *præfentia Turni,* Chere, c'eft à dire, vifage.

Mon frere Lazare
Porte haute care,
Ses chiens huë & hare,
Et fouvent s'égare.

Parmi les buiffons, dit l'Autheur de l'Hiftoire de l'Evangile en vers.

Patelin en fa farce.

Que reffemblés-vous bien de chére,
Et de tout à vôtre feu pére,

Alain Chartier en fes priéres en Amours)

Belle de beauté bien-heureuse,
Des autres belles l'exemplaire,

Vôtre simple chiére joyeuse
Sçait mon cœur si à soy attraire,
Que je vous ayme sans retraire,
Et l'ay celé par plusieurs mois ;
Si je meurs puis qu'a faire-faire,
Mourir falloit-il une fois.

Du Bellay dans le combat de Goliat & de David.

Et sur le champ apparoître l'on voit
Vn bergeret à la chére éveillée.

Le mot de care ou de chére vient du Latin *cara*, & le Latin du Grec κάρα, qui signifie la teste. De chére, on a fait le verbe cherer, c'est à dire, accueillir, faire bonne mine. Ainsi furent cherés par leur pére si long-temps inconnû, Amadis, l. 10. ch. 58. De care on a fait accarer, c'est à dire, confronter des témoins, les mettre en face & en présence l'un de l'autre.

****

C'est une peste.

UN méchant homme, un homme capable de corrompre les autres. Terence Adelph. 2. 1.

Leno sum, fateor, pernicies communis adolescentiũ,
Perjurus, pestis.

Clades, labes, & ὁ φθόρος, ὁ λοιμός, ὀλεθρός, se prennent en mesme signification. *Hac clades quam retuli*, dit Lampridius, en parlant de Heliogabale.

C'est un papelard : papelarder.

PApelard signifie ordinairement un hypocrite. Quand nous voyons, dit l'Autheur d'un petit Livre imprimé sur la fin du dernier siécle, un franc usurier, un adultere, un larron, marmoter tous les jours à la Messe plusieurs patenostres, & pour cela ne changer sa méchante vie, nous l'appellons papelard, & ses actions papelardises. Ce que le Roman de la Rose décrit plaisamment, parlant de l'hypocrisie.

Elle fut chaulcie & vestuë;
Enfin, comme femme renduë,
En sa main un psautier tenoit;
Et sçachiés que moult se penoit
De faire à Dieu priéres feintes,
Et d'appeller & saints & saintes.
A ly & aux siens ert la porte
Denéée de Paradis,
Car maintes gens si font leurs vis
Amaigrir, ce dit l'Evangile,
Por avoir los parmi la ville,
Et por un po de gloire vaine
Que Diex lour toldra en son reine.

Mais ce mot se prend aussi quelquefois pour un flateur, un donneur d'eau benité de Cour, un adroit, fin & rusé. On dit en Latin, *palpum*, *palpari*, & *palpator*. παιπάλη dit le

Scholiaſte d'Ariſtophane , *Metaphoricè pro*
valdè aſtuto & vafro, & quaſi dicas, eo cujus
eſt ſubtilis aſtutia.

****

C'eſt une ſainte mitouche. Faire de la *ſainte mitouche.*

IL faut écrire ſaint-ny-touche. Un Hypocrite, un homme qui fait tellement du
ſaint, & du ſcrupuleux, qu'il fait conſcience
de toucher, quand ce ne ſeroit que du boût
du doigt, à rien qui ſoit ſoüillé, ou eſtimé
profane.

****

Il n'y a rien ſi froid que cét âtre.

ON dit autrement, & en pareil ſens, cette
cuiſine eſt bien maigre, quand on veut
dire qu'on ne fait pas grand chére en quelque
maiſon. Atre vient d'*atrium*, qui étoit une
partie du logis dans laquelle étoit compriſe
la cuiſine. Quelques-uns meſme eſtiment
qu'*atrium* a eſté dit, *quod fumo-atrum eſſet*,
ainſi que le Grec μέλαθρον ἀπὸ τῦ μελάινεϑαι
ὑπὸ τῦ καπνῦ. Les Anglois appellent la cheminée *after*, & dans leurs anciens Autheurs,
Aſtrarius filius, eſt un fils conſtitué encore
ſous la puiſſance paternelle, vivant ſous meſ-

me toit, & auprés de mesme foyer. Ils ont dit aussi *astrarium hæredem.* Voyés Spelman.

* *

Par fas *&* nefas.

C'Est pur Latin que l'on employe, quand on veut dire qu'un homme mettra tout en œuvre pour parvenir à ce qu'il prétend & entreprend.

Flectere si nequeam superos, Acheronta movebo.

Dans l'Histoire de l'Evangile en vieux vers, où il est parlé des Chevaliers du Tombeau, c'est à dire, des soldats Romains, qui gardoient le sepulchre de nôtre Seigneur,

Nous ferons des exactions,
Sur le peuple toutes nouvelles,
Et grosses tailles & gabelles,
A tous côtés larges & grandes,
Et ferons croître les offrandes
Sur le peuple à si grosse monte,
Que nous venrons à nôtre conte,
Soit par fas, ou par nefaas;
Et nôtre maître Cayphas,
Qui est cy present, s'il luy plaist,
En fera la mise & le prest.

A propos de Chevaliers du Tombeau, une de nos meilleures auberges à Chalons, étoit celle où pendoit pour enseigne, le tombeau de nôtre Seigneur, gardé par des soldats, avec cette inscription, *A la garde de Dieu.* Les

Grecs disoient s'enrichir & faire sa maison,
καὶ δικαίως καὶ ἀδίκως, comme il se voit dans
Aristophane, au commencement du *Plutus*.

****

Sac à vin.

ON appelle ainsi un yvrongne. De mesme qu'on appelle un gueux gourmand, sac à bribes, & que les Grecs nommoient un larron, sac à proye, ou à larcins, κλοπῆς θολακός, dans ce mesme Aristophane, *in Equitibus*.

****

Haut le pié ; gagner le pié.

SIgnifie à peu prés la mesme chose, que ce qu'on dit en Latin, *dare se in pedes*, fuir viste, se retirer promptement. Dans le Terence François, p. 187. *J'eusse fait mon petit paquet, & haut le pié.*

****

Etonné comme un fondeur de cloche.

Voy. pag. 81

IL faut sous-entendre, quand la fonte n'a pas bien pris. On dit cela d'un homme qui se trouve fort éloigné de son conte, & qui

voit reüſſir les choſes autrement qu'il ne les
avoit preveües.

****

C'eſt un franc cheval.

C'Eſt un brutal qui n'a rien de l'homme
que le viſage. Plaute Aſinar. Act. 3. ſc. 3.
Non te equo magis eſt equus ullus ſapiens. Et
dans l'un des Pſeaumes.
Ne ſois ſemblable à cheval ni à mule,
Qui n'ont en eux intelligence nulle.

****

Amy juſqu'à l'Autel.

NOus avons pris des Latins cette façon de
parler, & eux l'ont priſe des Grecs. On
veut dire par là, que les intereſts de la Religion & de la conſcience, ſont preferables à
ceux de l'amitié. C'eſt ce que Periclés répondit à l'un de ſes amis, qui le prioit de faire
un faux ſerment en une cauſe qu'il avoit, δεῖ
με συμπράττειν τοῖς φίλοις, ἀλλὰ μέχρι βωμῶν,
comme le raporte Aulugelle, liv. 1. ch. 3. Et
Plutarque en ſon Traité, περὶ δυσωπίας. Comme c'étoit ſur les autels que ſe faiſoient les
ſacrifices & le culte principal des Dieux; auſſi
étoit-ce ſur les autels que ceux qui juroient,
mettoient la main.

****

Argent ard gent. Argent fait perdre,
& pendre gent. Argent fait rage,
& amour mariage. Argent fait tout.

LEs Latins ont dit en pareil sens, *aurum per medios ire satellites, & perrumpere saxa gaudet.* En renversant les létres des mots *argentum & aurum,* on a formé ceux de *Mutnegar & Murva,* & l'on a fait ce vers leonin. *Mutnegar & Murva faciunt judicia curva.* Voyés Ronsard en son bel Hymne de l'Or.

Pour cela justement le Comique Menandre,
Osa devant le peuple Epicharme reprendre,
De ce qu'il asseuroit que les Astres des Cieux,
Les vents, la mer, le feu, étoient seulement Dieux,
Ou luy tout au contraire, asseuroit la Richesse,
Tant elle a de pouvoir estre seule Déesse.
Si quelqu'un disoit il la loge en sa maison,
Il aura tout soudain toute chose à foison :
Champs, prés, vin, bois, valets, témoins, amis,
    Justice,
Et chacun sera prest à luy faire service.

Je me souviens là dessus de ce qui s'est dit d'un Gentil-homme, qui prioit un jour l'un de ses voisins, de luy prêter sa meute, & trois ou quatre de ses témoins, dont il avoit affaire.

****

C'est un bon pigeon. C'est un preneur de pigeons.

C'Est une bonne dupe qui se laisse attraper, comme on prend les pigeons à la trape. Plaute, *in Pœnulo*.

Nos tibi palumbem ad aream usque adduximus,
Nunc te illum meliùs capere est, si captum esse vis.

****

Ventre affamé n'a point d'oreilles.

CAton, au raport de Plutarque & d'Aulugelle, commença ainsi une harangue qu'il faisoit pour empescher que la Loy Agraria ne passast. *Arduum est ad ventrem verba facere, qui auribus caret.* Seneque en l'Epit. 21. *venter præcepta non audit, poscit, appellat. Non est tamen molestus creditor, parvo dimittitur; si modo das illi quod debes, non quod potes.* Et dans Homere.

Non est improbior res altera ventre molesto,
Quique sui invitos etiam memores jubet esse.

✳✳✳✳✳✳✳✳✳✳✳✳✳✳✳✳✳✳✳✳✳✳✳✳✳✳✳✳✳✳✳✳✳✳✳✳✳✳

C'est un aspic.

NOus diſons cela d'un eſprit malicieux, & particuliérement d'une méchante femme. Dans le liv. 7. de l'Anthologie, Epig. 96. un Amant mal-traité, appelle ſa maîtreſſe un aſpic, qui ne change jamais de nature, qui ſemble quelquefois endormi, & plus doux, mais qui toutefois, dit-il, δάκνει δ' ὡς ἄλλος ἢ θανατηφορίην. Et dans les ſentences des vieux Poëtes Grecs, θάλασσα καὶ πῦρ καὶ γυνὴ κακὰ τρία· τις πέφυκεν ἀσπίδος κακὴ γυνή. Ælien dans ſon Hiſtoire des Animaux, dit que contre la morſure des vipéres, & des autres ſerpens, on peut trouver quelque remede, excepté contre celle de l'aſpic, principalement, ſi l'on en eſt mordu aprés qu'il a mangé d'une grenoüille. Voyés le au liv. 1. ch. 54. & au liv. 9. ch. 15. mais voyés ſur tout M. Bochart, en ſa Zographie ſacrée, tom. 2. p. 381. & 392. où l'on trouve quantité de choſes rares & toutes nouvelles, touchant la morſure incurable de l'aſpic, & touchant ce qu'on lit dans le Pſeaume 58. qu'il eſt ſourd, & qu'il bouche ſon oreille à la voix de l'enchanteur.

O

✳✳✳✳✳✳✳✳✳✳✳✳✳✳✳✳✳✳✳✳✳✳✳✳✳✳✳✳✳✳✳✳✳✳

C'est verser dans un vaisseau percé.

PErdre sa peine, obliger un ingrat. Dans Plaute, *in Pseudolo. In pertusum ingerimus dicta dolium, operam ludimus.* C'étoit dans les enfers le supplice des Danaïdes. Seneque dans son Apocoloc. se raille ainsi agréablement de l'Empereur Claude. *Placuit novam pœnam excogitari debere ; instituendum illi laborem irritum & sine effectu. Tum Æacus jubet illum aleâ ludere pertuso fritillo.*

✳✳✳✳✳✳✳✳✳✳✳✳✳✳✳✳✳✳✳✳✳✳✳✳✳✳✳✳✳✳✳✳✳✳

Mesurer les sauts des puces. Prendre des mouches.

S'Amuser à des vetilles. On sçait la belle occupation de Domitien, qui se mettoit en retraite pour percer des mousches avec son canif. Ce qui donna lieu à l'ingenieuse raillerie, *ne musca quidem*, que fit celuy auquel on demandoit s'il n'y avoit personne avec l'Empereur. Et Aristophane se moquant de Socrate, & des autres Philosophes ; c'est ce grand Socrate, ce grand homme, dit-il, qui sçait tout, ὃς οἶδε τὰ ψύλλα δὲ ἴχνη. Nous avons un mot très commun parmi nôtre peuple, à la sainte Luce, le jour croist du saut d'une puce.

✳✳✳✳✳✳✳✳✳✳✳✳✳✳✳✳✳✳✳✳✳✳✳✳✳✳✳✳✳✳✳✳✳✳✳

Ecrire sur l'onde.

Tantoft, c'eft perdre fa peine ; tantoft c'eft oublier. Seneque a dit que les offen-fes fe gravoient fur l'airain, & les bien-faits fur l'eau & fur le fable. Et Catulle.

> *Mulier cupido quod dicit Amanti,*
> *In vento & rapidâ fcribere oportet aquâ.*

Ainfi je ne fçay, comme quoy l'on peut défen-dre Theophile, ni comme l'on peut trouver un bon fens en ces vers de fon Elegie à Corydon.

> *O Ciel que me faut-il choifir,*
> *Pour loüer mon Dieu tutelaire,*
> *Que feray-je en l'ardent defir*
> *Que mon efprit a de vous plaire ?*
> *Je diray par tout mon bon-heur,*
> *Je peindray fi bien vôtre honneur,*
> *Que la mer qui voit les deux Poles,*
> *Dont fe mefure l'Vnivers,*
> *Gardera fur fes ondes molles*
> *Le caractere de mes vers.*

Peut-eftre le Poëte veut il dire ce que l'on dit quelquefois, qu'on fera l'impoffible. I'ay fait dire à Philis dans l'un de mes Idylles.

> *Hæc molli mens eft infcribere arena.*

Mais outre que l'on conçoit mieux une écri-ture fur le fable, que non pas fur l'eau, j'en ay ajoûté auffi-toft la raifon.

> *Omnibus illa patet, fi mul & mea flâma patebit.*

Et d'ailleurs c'étoit pour donner lieu à Lyci-
das de renchérir de cette sorte.

At mihi mens duris noſtros incidere amores
Rupibus; ha ſtabunt, & vos perſtabitis ignes.

Cette epithéte de, *molles,* dont Theophile
ſe ſert parlant des eaux, môntre que lors que
M. de Segrais l'à employé dans ſa belle Traduction de l'Æneïde, il n'a pas eſté le premier qui l'a fait, & qui a crû le devoir faire
à l'imitation des Anciens. Car Lucrece s'eſt
ſervi de ce mot au liv. 2.

Quà mollibus undis
Littoris incurvi bibulam lavit æquore arenam.

Et ailleurs, *mollities pelagi.* Il eſt vray
qu'en ces lieux, le Poëte ſemble parler d'une
mer calme, & telle qu'il la décrit un peu
aprés,

Subdola cùm ridet placidi pellacia ponti.

Et il eſt certain qu'en ce cas l'epitéte eſt
bien plus noble & moins oiſive ; neantmoins
en general l'eau peut eſtre appellée molle.
Ovide, liv. 1. de l'Art.

Quid magis eſt durum ſaxo? quid mollius undâ?
Dura tamen molli ſaxa cavantur æquâ.

✿✱✱✱

Vne main frote l'autre.

CEla veut dire qu'on ſe ſert, & que l'on
s'aſſiſte mutuellement. Les Grecs ont dit
ἁ δὲ χεὶρ τὴν χεῖρα νίζει, δός τι κỳ λάβε τι. La

main signifie affiftance, fecours, protection, amitié. Pythagore, pour exprimer que toutes fortes de gens ne font pas dignes de nôtre affiftance, ni de nôtre amitié, difoit, μὴ παντὶ ἐμβάλλειν τὴν δεξιάν, *dextram non cuivis esse porrigendam* : & le mot δεξιοῦσθαι, fignifie ordinairement careffer, faire accueil, & recevoir comme amy.

****

Donner la mufe à quelqu'un.

TRomper, amufer quelqu'un de belles promeffes. Pafquier s'eft fervi de cette façon de parler, en l'une de fes létres. Louis XI. dit-il, étoit un efprit remuant, verfatil, fin, Prince qui fçavoit par belles promeffes, donner la mufe à fes ennemis, & rompoit leur mefures ; ufant de la Religion felon fes affaires, & eftimant tout autre chofe luy eftre permife, quand il s'étoit aquité d'un pelerinage. Nous avons dit autrefois, mufer, mufart, & mufardie, pour refver, oyfif, lâche, pareffe, molleffe. Dans Melufine, Sire Roy, dit Antoine, c'eft pour vôtre mufardie, & pour vos péchiés .... Mouft longuement, *mufa*, Geffroy fur ce fait, & quand eut affés penfé.... Et dans Amadis, liv. 2. ch. 26. Il broche vers fon homme, qui refvoit encore, tout fiché, à qui il écrie, Paillard rends moy mon détrier, fi tu ne veux en recevoir la punition préfente:

l'autre qui se reveille de sa musardie... M. de la Motte du Vayer, derive tout cela des Muses. Que voulés-vous, dit-il, c'est le propre des Muses, de nous amuser inutilement, & nos Péres qui opposoient le vieux mot de Musart, à celuy de Guerrier, ont assés témoigné qu'ils tenoient les hommes d'étude fort mal-propres à l'action.

Carmina secessum scribentis & otia quærunt.

En effet, cueillir des fleurs, faire des guirlandes, danser sur le bord des fontaines, joüer du luth, chanter, & se reposer à l'ombre, sont les principales occupations des neuf belles feés.

Visus eram molli recubans Helicone in vmbrâ,
  Bellerophontei quà fluit humor equi

Dit Properce, & Martial, au liv. 10. de ses Epigrammes.

Tu facis ingenium, tu siquid posse videmur,
  Tu das ingenua munera pigritiæ.

❋❋❋❋❋❋❋❋❋❋❋❋❋❋❋❋❋❋❋❋❋❋❋❋❋❋❋❋❋❋❋

Des finesses cousuës de fil blanc.

DEs mensonges, des fourberies, & des artifices grossiers. Les Latins se sont servis en pareil sens du mot de *sutela*, je dis pour signifier des tromperies. Plaute, Capt. Act. 3. sc. 5.

Quando ego te exemplis excruciavero pessumis
  Atque ob sutelas te morti misero.

Dans le Glossaire, *sutela* κακορραφία. Ils ont dit aussi, *sartor scelerum, consuere mendacia.* Dans le mesme Plaute en son Amphitr. Act. 1. sc. 1.

Na tu istic hodie malo tuo compositis mendacijs
  Advenisti, audacia columen, consutis dolis.
  Imò equidem tunicis consutis huc advenio, non
dolis. Et le mot Grec ράπτειν, s'employe souvent en sens metaphorique, pour dire, machiner contre quelqu'un, luy faire quelque fourberie. Cette façon de parler est donc prise de ces mal-habiles tailleurs, qui au lieu de rentraire, font des coutures grossiéres, & de fil blanc, en sorte que l'œil le moins clair-voyant s'en apperçoit.

****

Il est bien de son pays.

IL est bien simple, bien grossier, malavisé, malfait. Parce qu'il n'y a rien qui fasse tant les hommes que les voyages; d'où vient qu'il est dit d'Ulysse, le plus sage de tous les Grecs, *mores populorum vidit & urbes.* Nous employons en mesme sens les mots de niais, & béjaune, qui signifient proprement un oyseau nouvellement éclos, qui a le bec jaune, & qui n'a point encore sorti du nid.

-

Il court les rües. Il court les chemins.

IL est fou, il est furieux. Telle qu'étoit Amata dans le septiéme de l'Æneide, où le Poëte nous fait cette description du jeu du sabot.

Tum verò infelix ingentibus excita monstris,
Immensam sine more furit, lymphata per urbem.
Ceu quondam torto volitans sub verbere turbo,
Quem pueri magno in gyro vacua atria circùm
Intenti ludo exercent ; ille actus habenâ
Curvatis fertur spatijs : stupet inscia turba
Impubésque manus, mirata volubile buxum ;
Dant animos plaga.

Il y a une histoire à peu prés semblable dans Pausanias en ses Corinthiaques. Μανία ταῖς γυναιξὶν ἐνέπεσεν, ἐκφοιτῆσαι δ' ἐκ τῶν οἰκιῶν, ἐπλανῶντο ἀνὰ τὴν χώραν. Φοιτάω & Φοιτὶς se prennent en mesme signification pour un fou, & pour un coureur. Pour un homme qui va & vient.

-

C'est un Crœsus.

C'Est un homme riche, un richard. Nous l'avons pris des Grecs & des Latins. Lucien dans son Misanthrope, où il declame

contre ces Riches qui sont obsedés dés para-
sites & des flateurs, *Ils te diront que tu es plus
beau que Nireus, plus noble que Codrus, ou que
Cecrops, plus prudent qu'Vlysse, plus riche que
Crœsus.* Il me souvient sur cela de la plaisanterie qu'un Seigneur de Bourgeoville, fit
au pedent de ses enfans, qui prétendoit à la
cure de cette paroisse. Pour y parvenir, ce
sçavant homme crut qu'il faloit donner des
étrenes au Patron, & ces étrenes furent les
deux vers suivans qu'il écrivit dans une grande
fueille de papier.
*Vous estes un Cesar, un Hector, un Achille,
Vous estes un Crœsus, Monsieur de Bourgeoville.*

Le Gentil-homme qui étoit fâché de voir
tant de papier perdu, pour remplir une partie
du vuide, récrivit sur le champ ces deux autres vers, sous ceux du pedent.
*Je ne suis un Crœsus, un Hector, un Achille,
Aussi ne serés vous curé de Bourgeoville.*

✶✶

L'emprise à l'écu pendant.

C'Estoit un exercice de l'ancienne Noblesse, qui gardoit des pas, ou passages sur les ponts & grands chemins; là où les
Chevaliers pendoient leurs ecus, & se tenoient
prests de joûter, contre tous ceux de pareille
qualité, qui viendroient toucher ces écus du
bout de leur lance. Ils mettoient quelquefois

leurs heaumes fur ces boucliers ainfi pendus.
De là eft venuë peut-eftre la coûtume de tim-
brer les armes de heaumes : d'où vient auffi
qu'on voit fi fouvent des écus pendans. Voyés
M. l'Abbé de Brianville, dans fon beau Traité
du jeu des Armoiries. Voyés auffi M. de
Vulfon Colombiers, en fon Hiftoire & Science
Heroïque, où il y a un Chapitre exprés *de
l'écu pendant, & des pas & emprifes des anciens
Chevaliers,* & dans les Chapitres fuivans, il
raporte diverfes cérémonies pratiquées en ces
jeux militaires, & parle de plufieurs emprifes.
De l'emprife des treize Chevaliers, portans
en leur devife, l'écu vert à la Dame blanche.
De l'emprife d'Antoine d'Arces, Seigneur de
la Baftie en Dauphiné, furnommé le Chevalier Blanc, & de trois autres Chevaliers fes
aydes. De l'emprife du Chevalier Sauvage à
la Dame noire ; & comment le bon Chevalier
fit crier dedans Ayre, un Tournoy pour l'a-
mour des Dames, où il y avoit pour le mieux
faifant, un bracelet d'or, & un bel diamant
pour donner à fa Dame.

****

Falloit-il faire une fi grande levée de boucliers.

FAlloit-il faire tant de bruit & tant d'a-
prefts, pour fi peu de chofe. Faire levée
de boucliers, faire levée de gens portans le

bouclier, c'est à dire, de soldats. La phrase
me semble plus naturelle ainsi, que d'en aller
chercher plus loin l'origine, dans la solennité qui se pratiquoit à l'inauguration des
Empereurs, & de nos premiers Rois, lors qu'on
les élevoit en haut sur des boucliers. Comme
il se voit dans Ammian Marcellin, liv. 20.
Dans Constant. de *Administ. Imp.* ch. 38.
Nicetas in Alex. Comneno. Cantacuzene, liv. 1.
ch. 41. Et Villehardoüin, ch. 136. de son
Histoire. Cette coûtume se trouve avoir encore esté observée ailleurs. Voyés Tacite,
liv. 4. de ses Annales. Et Cassiodore, liv. 10.
Epît. 31.

****

Chantés à l'asne, il vous fera des pets.

C'Est à dire, que les ignorans & les ingrats,
connoissent mal les choses, & reconnois-
sent mal les graces qu'on leur fait. Aristophane en sa Comédie, intitulée la Paix.
*Nempe video, atque latus pedo, gaudeo magis,
quàm senectâ solutus anguis.* Surquoy l'ancien
Scholiaste dit, πέπορδα, ἢ μεταφορὰ ἀπὸ τῶν
ὄνων, χαίροντες γὰρ πέρδονται.

*** ******************* *** *********************

Grosse teste, & prime col, est le commencement d'un fol.

VOyés touchant ce proverbe, celuy de teste de Linot, mis cy-devant. Primes, cheveux primes, c'est à dire, menus, doux, déliés. Ronsard en sa 2. Eglogue.

> *Tu avois tes cheveux sans ordre déliés,*
> *Frisés, crespés, retors, primes & déliés,*
> *Comme filets de soye; & de houpes garnie*
> *Te pendoit aux talons ta belle souquenie.*

Peut-estre ce mot vient-il du Latin *primus*, premier, parce que les premiers cheveux qui viennent à la teste, & que le premier poil follet qui vient au menton, est doux & délié, & semblable à du coton, ou a de la soye. Des cheveux, le mot de prime a passé aux autres choses, car on a dit de la toile prime, & filer prim. Et dans Amadis, jambes avoit le Chevalier primes, comme jambes de grive. Les Espagnols disent aussi en pareil sens, *primo*, autrement, delgado; d'où a esté fait sans doute le mot de deugé ou deugi, dont nôtre peuple se sert fort; & l'Espagnol delgado, a esté fait du Latin *delicato*.

✷✷✷✷✷✷✷✷✷✷✷✷✷✷✷✷✷✷✷✷✷✷✷✷✷✷✷✷✷✷

Laver bien la teste à quelqu'un ; vous estes beau fils, car vous avés esté bien lavé.

C'Est ce que nous disons, autrement, faire bien la leçon à quelqu'un, parler bien à son bonnet, luy faire de grands reproches, le goufpiller de paroles. Les Grecs ont employé le mot de πλυνειν en mefme fens. *Lavare*, dit Artemidore, *abufivè etiam redarguere veteres dicebant, velut alicubi etiam Menander : Si tu meæ uxori malè inde dixeris; patrem tuum, téque, & tuos ego lavero, hoc est redarguam. Vnde etiam his, qui redargui timent, terribile est in fomnis, vestimenta lota gestare ac videre.* C'est au chap. 4. du liv. 2. Sur quoy voyés les Notes du docte M. Rigault, qui raporte diverfes autres authorités des Anciens, pour confirmer la mefme fignification de ce mefme mot.

✷✷✷✷✷✷✷✷✷✷✷✷✷✷✷✷✷✷✷✷✷✷✷✷✷✷✷✷✷✷

Bailler du galbanum.

T Romper, duper. Nôtre peuple fe fert fort de cette façon de parler, qui peut avoir esté prife, de ce que pour faire tomber les renards dans le piége ; on y met des roties frotées de galbanum, dont l'odeur plaist extrêmement aux renards, & les attire au lieu où ils en sentent.

****

Avoir toûjours quelqu'un en la bouche.

PArler, se souvenir toûjours de quelqu'un. Ciceron a dit, *aliquem in ore habere.* Et Aristophane dans sa Lysistrate, parlant d'une femme qui aymoit fort son mari, ἀεὶ γὰρ ἡ γυνὴ ἔχει διὰ ςόμα καὶ ᾠὸν ἢ μῆλον λάβῃ, Κινήσια τυπὶ γένοιτο φησίν. Parmi les Anciens, on servoit des œufs à l'entrée du repas, & des pommes à la fin, d'où vient le proverbe *ab ovo usque ad mala.*

****

Mordre la pierre.

DAns nos maux, se prendre à celuy qui n'en est en effet que l'instrument, & non pas la véritable cause ; ce que font les chiens, qui mordent la pierre, dont ils sont frapés, au lieu de mordre le bras qui l'a jettée. Les Grecs ont dit en pareil sens, κύων εἰς τὸν λίθον ἀγανακτῶσα, *canis in lapidem saviens.* Au reste, on croyoit autrefois qu'il ne pourroit jamais

avoir d'union dans une maison, où se trouveroit une pierre morduë de la sorte. **Voyés**
Pline, liv. 29. ch. 5.

****

Plus quinteux que la mule du Pape.

ON dit autrement, opiniâtre comme une
mule. On ajoûte que la mule du Pape,
par ce que la mule est aujourd'huy la monture
des souverains Pontifes, ainsi qu'elle l'étoit
autrefois des Patriarches, & des Rois d'Israël.
Et il n'y a pas encore fort long-temps, que
non seulement les Présidens & les Chance-
liers, mais les Princes mesme alloient sur des
mules. Car l'Histoire dit, que le Duc de Bourgogne fit assasiner le Duc d'Orleans, comme
il passoit par la ruë Barbet, monté sur la mule.
Que si l'on dit du Pape, parlant de sa monture,
sedit in mulâ, non in equo : aussi doit-on dire
parlant de sa vie, *sedit in Pontificatu,* & non
pas, *regnavit.* Car quoy qu'en effet, il soit un
grand Prince, il ne prend pas pourtant la qualité de Roy, & on ne date point les létres de
la Chancellerie de Rome, du régne, mais du
Pontificat d'un tel Pape. Dans l'Inscription
du tombeau d'un Evesque, qui se voit à
Verone, il y a, *sedit Episcopus tot annos.* Les
Espagnols disent, *Papavit tot annos.* Au
reste, la plus commune opinion est, que la
denomination de l'Evesque de Rome,

Papa senioris Romæ, comme l'appelle Justi-
nien, a esté tirée de ces anciens titres & inscri-
ptions, Pa, Pa, *pater patriæ.* D'autres disent,
que Pa, Pa, veut dire, *Pater Patrum.* Voyés
Pasquier, p. 156. D'autres le derivent de
Πάππος ἄνους, & de *Pappas*, qui dans Juvenal est pris pour ce que nous appellons pére
nourrissier. Satyre, 6.

    Timidus præguster pocula Pappas.

    Quinteux, est la mesme chose que capri-
cieux, & humoriste, comme l'autheur des
rimes Françoises le remarque, p. 179. Quelques-uns veulent tirer le mot de quinteux, de
celuy de quintessence, & disent qu'il signifie
un homme, qui cherche la quintessence des
choses, la quadrature du cercle, l'or potable,
un esprit quintessencié & alambiqué, ou qui
s'alambique, mais cela ne me satisfait pas
trop.

****

Voilà bien des agios ; & une longue Kiriéle.

CEs deux façons de parler, faire bien des
agios, ou une longue Kiriéle, pour dire,
faire un long discours, bien des affaires, bien
de l'empesché, ont esté prises de deux diffe-
rentes priéres, ou litanies, dans l'une desquel-
les est fort souvent repété le mot ἄγιος, &
dans l'autre, κύριε ἐλέησον.

****

Les grands poissons mangent les petits.

POur dire que les plus forts & les plus puissans oppriment les foibles. Cette façon de parler, se trouve dans Polybe & dans Varron. Voyés Victorius en ses diverses Leçons, l. 6. ch. 8. Et que tel soit le naturel des Poissons. Voyés Oppien, liv. 2. ἀλιωπιχῶν : & M. Bochart dans son livre des Animaux, p. 34. & 40.

****

Chien qui aboye, ne mord pas.

C'Est à dire, que ceux qui font le plus de bruit, & de menaces, ne font pas ceux qu'on doive craindre davantage, ni qui fassent plus de mal.

****

Comme vous élingués.

NOtre peuple se sert fort icy de cette basse locution, qui vaut autant que, comme vous en baillés à garder, que vous debités de fadaises, ou de menteries, comme vous en contés. Nous appellons une élingue, ce qu'en François on appelle une fronde, & élinguer, c'eſt fronder : & ce mot nous l'avons du Saxon *Shling & Sching*, ſignifiant la meſme choſe. Les Autheurs Latins ſe ſont ſervis du verbe *jacio*, en ſens à peu prés pareil, je dis, pour conter & épandre des bruits. Tacite, liv. 1. de ſes Annales, *quædam de habitu cultuque & inſtitutis jecerat.* Et le meſme, au liv. 4. *Apud aliquem quidpiam jacere.* Tite Live, liv. 6. *Cum amiſſo diſcrimine vera an vana jaceret, theſauros Gallici auri à Patribus occultari jecit.*

****

Sifler quelqu'un.

SE moquer de quelqu'un, & le mépriſer. Nous l'avons pris du Latin, car *ſifilare*, c'eſt ſe railler, *ſifilare*, dit Nonnius, *quod nos vilitatem verbi vitantes ſibilare dicimus. Et eſt maledica vocis ſignificatio, vel contumelioſa popularium eum ſiſilationibus, qua exploditur. Hujus rei author Homerus Iliad.* 14. Θεὸς δὲ ἐπιφλῶσιε.

****

Avoir un front d'airain.

CEla ſe dit d'un homme extraordinairement impudent, qui ne rougit, & n'a

honte de rien : Les Grecs ont appellé telles
gens χαλκοπρόσωπες. Saint Chrysostome en
son Traité contre les Juifs, ἄχρι τί φησιν ὁ
μεγαλοφωνότατος Ἡσαΐας. Γινόσκω ὅτι σκληρὸς
εἶ σὺ (πρὸς τὸν λαὸν τὸν Ἰουδαϊκόν) κὴ νεῦρον
σιδηροῦν ὁ τράχηλος σοῦ (τουτέστιν ἀκαμπὴς) κὴ τὸ
μέτωπόν σοῦ χαλκοῦν, τουτέστι ἀναίσχυντον, οὕτω
γοῦν κὴ ἡμῖν ἔθος πολλάκις, τοὺς ἐρυθριᾶν μὴ
εἰδότας χαλκοπρόσωπες καλεῖν. Les Latins ont
dit en pareil sens, *os ferreum.* Voyés Suetone
en la vie de Neron , & Artemidore, liv. 1.
ch. 24.

****

Casser du grais.

C'Est à dire, deguiser les choses, donner
luſtre à ses mensonges, pour tâcher de
tromper quelqu'un. Peut-eſtre cette metaphore eſt-elle prise, de ce qu'on luſtre & qu'on
donne le poli aux tableaux, avec le grais caſſé
menu, & paſſé par un fas, & empaſté avec
l'eau. Nous appellons icy du cray, ou gray,
ce menu cailloüage qui se trouve aux car-
riéres , avant que l'on rencontre la bonne
pierre. Le Grau, dit M. Bochart dans sa Dif-
fertation fur Goſſelin, eſt un champ de six ou
sept lieuës, entre Marseille & Arles, tellement parsemé de pierres, qu'on diroit qu'il
en eſt pavé. Strabon , liv. 4. πεδίον λιθῶδες.
Pline, liv. 3. ch. 4. *Campi lapidei.* Mela, l. 2.

cap. 5. *Littus lapideum, in quo Herculem contra Albionem & Bergiona Neptuni liberos dimicantem cùm tela defecissent, ab invocato Jove adjutum imbre lapidum ferunt ; credas pluisse, adeò multi, & passim latè jacent.* C'est une fable formée sur le modéle de l'Histoire, qui se lit au chap. 10. & 11. de Josué. Æschile & Solin content la mesme chose, mais ils mettent ce champ en Ligurie , parce que les Ligures étoient alors voisins de Marseilles. M. de Peyresc a voulu rechercher la cause naturelle de cette merveille , suivant qu'il est raporté au chap. 242. de sa vie. *Rogatus Pereskius à Jacobo Hallao Parisiensi rationum magistro, de lapidibus Crautiæ Herculeorúmve camporum, censuit , totam illam planiciem, potuisse olim restagnare, exundante potissimùm seu Druentiâ, seu Rhodano & lapidifico germine simul devecto, coagulante , argumento fuit , quod in salium concretione observamus: quippe ut in vase, ex quo aqua sale commista evaporatur , tessellæ majores in fundo quàm ad latera relinquuntur , quod illic salsedo uberiùs diutiúsque resideat ; sic in medio Crautiæ , quod depressius est , majorés longè lapides quàm ad oras observantur.* Quoy qu'il en soit, le grais , le cray, le gray & craü, viennent tous du vieux mot Celtique & Bréton , craig, qui signifie une pierre, ou roche. Crac en Chaldéen , signifie une roche, où forteresse , bâtie sur un roc. Brochard en sa Déscription de la Terre sainte , ch. 5. *Transibis terram Moab usque ad petram deserti, qua*

nunc crac dicitur. In Stephano de urbibus vo-
catur χαράκμωβα, idest, petra Moab.

✳✳✳✳✳✳✳✳✳✳✳✳✳✳✳✳✳✳✳✳✳✳✳✳✳✳✳✳✳✳✳✳✳✳✳✳✳✳

Il est né coiffé.

CEla se dit d'un homme heureux, à qui tout rit, à qui les biens viennent en dormant, & sans les avoir mérités : comme on l'exprima il y a quelque temps dans ce joly Rondeau.

Coiffé d'un froc bien raffiné
Et revêtu d'un Doyenné,
Qui luy raporte dequoy frire,
Frére René devient Messire,
Et vit comme un determiné.

Vn Prelat riche & fortuné,
Sous un bonnet enluminé,
En est, si je l'ose ainsi dire,
　　　Coiffé.

Ce n'est pas que frère René
D'aucun mérite soit orné,
Qu'il soit docte, ou qu'il sache écrire,
Ni qu'il ait tant le mot pour rire,
Mais c'est seulement qu'il est né
　　　Coiffé.

Outre les tuniques ordinaires qui envelopent l'enfant dans le ventre de sa mére, il s'en trouve quelquefois une, qui luy couvre la tête en forme de casque, ou de capuchon, si justement & si fortement, qu'en sortant il ne la peut rompre, & qu'il naît coiffé. Voyés Riolan, du Laurens, & les autres Anatomistes; on croit que les enfans qui naissent de la sorte sont heureux, & la superstition attribuë à cette coiffure d'étranges vertus. Je dis, la superstition & credulité, non pas d'hier, ni d'aujourd'huy, mais dés les temps des derniers Empereurs; car Ælius Lampridius, en la vie d'Antonin, surnommé Diaduméne, remarque, que cét Empereur, qui nâquit avec une bande, ou peau sur le front, en forme de Diadéme, & d'où il prît son nom, joüit d'une perpétuelle felicité durant tout le cours de son régne, & de sa vie : & il ajoûte, que les sages femmes vendoient bien cher cette coiffe aux Avocats, qui croyoient que la portant sur eux, ils acqueroient une force de persuader, à laquelle les Juges & les Auditeurs ne pouvoient resister. Les sorciers mesmes, s'en servoient à diverses sortes de malefices, comme il se voit dans les notes de Balsamon, sur les Conciles; où il raporte divers Canons, condamnans ceux qui se servoient de cela, soit à bonne, soit à mauvaise fin. Voyés M. Saumaise; & sur tout, Casaubon en leurs Commentaires, sur les Ecrivains de l'Histoire Auguste.

Il l'a mis au bissac ; c'est un bissaquier.

IL l'a ruiné ; & par procés, jeu, débauches, & folles dépenses, il l'a réduit à la besace, & à l'aumosne. Le bissac, ou la besace, est le principal meuble des pauvres. De la vient, que Martial a dit dans l'une de ses Epigrammes ,

Ne mendica ferat barbati prandia nudi,
 Dormiat & tetrico cum cane, pera, rogat.

L'ordre des Religieux mendians la portent aujourd'huy. Et les Philosophes Cyniques, qui faisoient profession particuliére de mépriser les richesses , la portoient autrefois avec le bâton , & le manteau troüé. Témoin, celuy qui dans la sienne , au lieu de legumes, de pain noir , & d'Ecrits de morale, avoit une balle de dez, un miroir de poche, une boëte de poudres de senteur, & le portrait de Laïs. Seneque parlanr de Diögéne : *cùm vidisset puerum cavâ manu bibentem aquam , fregit protinus exemptum è perulâ calicem , hâc objurgatione sui. Quandiu homo stultus supervacuas sarcinulas habui ?* Et nous lisons dans l'Histoire de Flandre, que Brederode, & les autres Seigneurs , qui se présentérent en habit gris devant la Duchesse de Parme, du nom de gueux, que les courtifans leur avoient donné par raillerie, s'étant fait un nom d'honneur, fignérent enfuite d'un grand répas, leur union en ces termes.

Par ce vin, par ce fel, & par cette beface,
Les Gueux ne changeront jamais, quoy que l'on
*   faffe.*

Non contens de cela, ils épandirent par tout des medailles, où l'on voyoit une befa- ce, foûtenuë de deux mains entrelacées, avec ce mot, *fideles jufques à la beface.* Voyés le Cardinal Bentivoglio, qui raporte la chofe tout au long, & qui fait diverfes reflexions deffus. Biffac & beface, viennent de *bis faccus,* comme beficle, de *bis cycli,* befagüe, *bis acuta,* befas, *bis as,* beffons, *bis homs,* ou hommes, befante & befancle, dans l'art. 154. de la Coûtume de Bretagne, de *bis amita,* & *bis avunculus.*

Pour le mot de biffaqnier, nous nous en fervons icy à defigner les faux bourgeois, autrement, les bourgeois du Samedy; ces gens, qui le biffac plein de provifion pour un jour ou deux, fe rendent à la ville le famedy, ou la veille de quelque fefte, afin d'affifter au Sermon, communier, fe mon- trer un peu le nez fur la bourfe, & tâcher par là, de conferver ou d'aquérir le privi- lege, dont joüiffent les veritables citoyens. Privilege fi rare & fingulier, qu'il fait de tous nos bourgeois, autant de gentils-hom- mes, qui peuvent labourer leurs terres fans
payer

payer la taille ; mais autant de gentils-hom-
mes, exempts de l'arriereban, des équi-
pages, & de la dépenſe à laquelle la No-
bleſſe eſt ſujéte. Privilege, qui auſſi bien
que la conceſſion accordée à nôtre Ville, de
porter trois fleurs de Lis en ſes Armes, ſera
dans tous les ſiécles un monument glorieux
de la fidélité envers le Roy, & du merite
de nos braves & ſçavans compatriotes. En
effet, on le peut dire avec vérité, Caën
fournit pour la guerre, & pour les beaux
Arts, autant de gens qu'aucune autre Ville
du Royaume. M. Halley a fait dans ſon
grand Poëme, la liſte de ceux qui ont excellé
dans les Sciences ; & n'a-t-on pas toûjours
vû, & ne voit-on pas tous les jours encore,
comme quoy parmi nous, au premier bruit
du tambour.

Juvenum manus emicat ardens
In pugnas, pulchramq; petit per vulnera mortem.

Oüy, on peut l'avancer ſans vanité ; nous
naiſſons tous Poëtes, ou Soldats, avec le noble
ſentiment d'employer nôtre ſang, ou nôtre
encre, à ſervir ou à loüer le Prince. Le
Lecteur équitable & honneſte homme, ne
trouvera pas mauvais que j'aye fait cette
légere digreſſion, en faveur de la patrie de
Malherbe ; ni que je finiſſe mon petit Ouvrage, par le ſouvenir de cette chére patrie.
Je ne ſçaurois l'exprimer mieux, qu'avec les
belles paroles, dont le Prophete Royal, parlant par la bouche de ſon excellent Inter-

préte , se sert à marquer le souvenir de sa
chére Sion.

Caën, ô Caën, si de ma mémoire
Jamais je songe à te banir,
Si de ton charmant souvenir
Je ne fais ma plus grande gloire :
Que je sente engourdir mes doits,
Qu'aussi-tost ma langue sechée,
Au palais enroüé se trouvant attachée ,
Perde l'usage de la voix.

Cy est l'ordre des Bannerets de Bretagne,
& leur Origine , translaté sur le
Latin , & depuis mis en Rimes
Françoises.

BAnneret est moult grand honor,
Tant à Roy, Prince que Seignor,
Et sa fondation premiére
Vint d'Alexandre & sa banniére,
Quand la Perse alloit conquérant,
Et toute l'Asie querant.

L'ordre de Banneret est plus que Chevalier,
Comme aprés Chevalier acconsuit Bachelier,
Puis aprés Bachelier, escuyer de maniére,
Qu'aprés le Duc ou Roy, est toûjours la banniére.

Dés que fut le premier des Empereurs Cesar
Jules, je l'acertaine, & le fait est ital,
De nobles bannerains, il composa ses bandes,
Qui n'avoient petites prebendes.

Bandes étoient autant que les gardains du corps
De l'Empereur Cesar, de ce je suis records,
Et par tout où alloit tant devant que derriére,
Etoit toûjours banniére.

Q ij

🙰🙰

Auguste Caligule, & autres Roys ensuite,
Jusques à Gracien de bandes firent suite,
Mais grand meschief en print à icel Gratien,
Car il en perdit vie, ô tout l'empire sien.

🙰🙰

Gracian exilla en la grande Bretagne,
Bannerets par dèdain & haine trop étragne,
Dont par leur mal-talent eux qui cuidoient avoir
De jetter hors les Ducs la force & le pouvoir,
Si élirent un pour enguigner l'empire,
Appellé Maximus auquel n'en fut pas pire.

🙰🙰

Quand se vit installé cil Maximus Clemens,
A bien chomer l'état mist tous ses pensemens;
Et ô classe de bien cent mille hommes de guerre
Por passer en Bretagne, il quitta l'Angleterre.

🙰🙰

Ses biaux bers bannerains y firent grand échec
Et pas un des Romains qui demeuroient illec
Tout premier legions ni restierent en vie
Tant avoient bannerains de forsene & d'envie
Encontre Gracian que qui étoit à luy
Si passa par l'épée ou bien-tost se affuy.

🙰🙰

Aprés ce pays conquis Maximus fit retrée,
Et torna vers Paris où vouloit faire entrée,
Et pource avant partir Conan Meriadec
Laissa Roy en Bretagne & une bande avec

Celle bande qu'étoit de bien quarante-trois,
Furent autant de Chiefs composés celle fois,
Et leur furent baillés checun une chentaine
De Chevaliers Bretons pour chacun capitaine.

Ainsi quarante-trois furent autant de bandes,
Et par sus tous trois Chiefs leur furẽt en cõmandes;
L'un dans le pays Rennois , l'autre à Nante ; &
le tiers
A Vannes , puis tantost diray les dementiers.

A checun fut donné maintes possessions ,
Pour tenir haut état , & faire pensions
A tous les enrollés qu'étoit noblesse gente,
Et voisine du lieu à ce plus diligente.

Ainsi furent celle saison
Les aisnés de chaque maison,
Des nobles en tote contrées
En celles bandes regiſtrées.

Quand pour les primerains ils étoient principaux
En tote la Bretagne, & comme Généraux ,
Qui n'avoient par sus eux que le Duc seulement,
Auquel ils gardoient foy bien & loyallement.

Ils commandoient sur tont quand falloit peindre
& mordre ,
Puis en paix ils mettoient toute police & ordre,
Et ainsi fut d'empuis ce Conan un grand pas
Que tinrent la Bretaigne en paisible repos.

Q iij

Bretagne fut en pos jusqu'à Hoel le grand,
Qui en faits & en dits fut moult prince flagrant,
Mais quãd fut mort ce Roy, le meilleur que peut être,
Bretagne vit que c'est que de perdre tel maître.

Certains nouveaux Gregneurs prirent le nom de
    Contes
Et se disant du sang des Rois par grands mécontes,
Firent ligues à part chacun de son costey,
Où sans les Bannerains ne sçay qu'en eust esté.

Contes cuidoient bien usurper
La Royauté & l'exsurper,
Mais en vain, car toûjours banniéres
S'opposerent à leurs maniéres,
Et rabatirent leurs desseins,
Qui n'étoient, ni justes, ni saints.

Cela fut environ quatre cent quatre vingt,
Que tote discordance en ce Royaume advint,
Puis les Normands Danois bien avant se glisserẽt,
Et tant firent d'echec, que bien pou en laissierent.

Rivalon, jeune & bel en Angleterre étoit,
Qui par le commun bruit ce temulte écoutoit,
Si partit & la mer traversit, ô sa suite,
Si bien & si à temps que mist Danois en fuite:
Et jacoit qu'autre Roy Breton
Fust nom d'effait ainsois de nom,
Pourtant fut-il Roy Dannonée,
Clamé dés celle mesme année.

Et les Bannerets qui mis hors,
Avoit Dannois quand les plus forts
Etoient si reprinrent leurs erres,
Leurs possessions & leurs terres.

Encore deux cens ans patience dura,
Non mie, en tot Bretagne ainsois en ce coin là,
Car jacoit qu'autre part Baunerets eussent songnes
Par la faute des Rois vaines étoiët leurs besongnes.

Fautes de Rois mal apertys,
Comtes refirent leurs partis,
Et débauchirent par leurs thefmes,
Nobles jusqu'à Bannerets mesmes.

Bien prés de l'an six cent que vint autre refrain,
Haute Bretagne fut toûjours en mauvais train,
Mais venant Roy nouvel, ô selle bannerie,
Puis ne fut en ce pays mot de mutinerie,

Trois Rois l'un aprés l'autre y regnerent contens,
Et la Bretagne fut moult hereuse en ce temps,
Mais ces trois Rois passés, les Contes mirent
  bandes,
O tous leurs Chevaliers en routes & debandes.

Quand les Banneréts furent bas,
Les Contes lors sans nuls debas,
Firent leur desir en Bretagne,
Mais sur ce y vint Charlemagne.

Qui ne trouvant plus Bannerets
A defendre Bretagne prests,
Tout ainsi comme affieroit d'estre,
A bon marché s'en rendit maître.

Bretagne étoit encore au Roy le debonnaire,
Quand Nœmene vint qui luy feut bien retraire
Et jaçoit que sous luy pourtant bannerets sus
Remist qui les François firent bien aller jus.

Le vaillant Roi Neomenus
Auquel ne se comperent nuls,
Ayant les banaes redressies
Sans entendre autres sentensies,
Que de son simple & franc vouloir,
Reprist Bretagne jusqu'à Loir.

Adonc les Bannerains qui mis bas avoient armes,
Tant par force qu'aussy par fautes de gendarmes,
Que Contes hors tout droit leur avoiët débauchiés,
Si devindrent plus grands que n'étoient devant
    chiefs.

Si advint en l'année huit cent quarante & deux,
Et afin d'ovier à cas si hazardeux
De leurs gens suborner si les mirent à gages,
Et les y tinrent tous, ô chevaux & bagages.

Autres furent alors maints autres convenus,
Et leur furent haussiés honnors & revenus,
Si qu'un avoit tant gens par dessus vingt &quatre
Qu'il en pouvoit nourrir en état de combatre.

Aussi pour empeschier surprises & cas tels
Leur furent ottroyés Villes, Forts & Chatels,
O honnours, dignités, & telles convenanses,
Qui de villes & forts sont les appartenanses.

Porter leurs écus en bannieres
Est d'institutions premiéres,
Comme aussi sur les trois premiers
Avoir couronnes & simiers
Si leur appartient & les portent,
Et comme à les Ducs se raportent,
Et tot ainsi comme sont Rois
Et Ducs ainsi sont-ils tos trois
En maintes belles entremises
Que n'est métier d'estre isy mises
N'est celle traduction
Que pour donner deduction
En langue vulgare & connuë
Des Bannerets la convenuë,
Et non de tot le livre adonc
Seroit icel translat trop long.

Quand le Ber Rochefort un de ses trois susdis,
Vn jour eut noise, ô Duc tos furent si hardis
Que de le menacier se ne vouloit retraire,
Que bien sçavoient moyen côme il le falloit traire.

Bannerets étoient moult greigneurs,
Et en Bretagne grands Seigneurs
Dit le Latin quand fut l'entrée
Deux en celle noble contrée.

Or le fils Debonnaire eut moult grand dementier,
O Neomene por le Royaume heritier,
Mais tofiors perdit temps, & fut contraint de faire
Paix fi vouloit fes gens de Bretagne retraire.

Pourtant Normãds Danois en Bretagne vaudoiët,
Et fans les bandes plus moleftée l'auroient,
Car Nœmenus mort, on n'y vit plus que tranfes,
Que deprifations, embufches & outrances.

Le fils de Nœmene Heruspée clamé,
Fut au lieu de fon pére au Royaume nommé,
Mais Salmon ia yeffy de l'aifné Nœmene,
Sy l'occît, puis en prés fouffrit mort inhumaine.

Salmon occift Heruspée,
Puis Salmon par autre épée
Fut pouny de ce meffait,
On luy fift comme avoit fait.

Quand Salmon fut octis fi fut Bretagne en quefte,
Mais tofiors ceux avoient les Bannerets en tefte,
Qui piller la vouloient, & deux freres germains
Yeffis de Neomene en vinrent jufqu'aux mains ;
L'un fut Paftenethem, l'autre eut nom Vrfaon,
Qui avoient machiney la mort de Salmon,
Puis aprés maints débas tous fy s'en pafferent,
Et à Allain le grand, le Royaume laiffierent.

Paftenethem fi s'accointa
D'autant Normands que rencontra,

Et se trouverent bien ensemble,
Trente mille comme il me semble.

Vrfaon lors son recours eut
A Bannerets a qui s'en deult,
Et porce qu'o eux menoit guerre,
Pas n'eurent mestier grand requerre.

Pastenethem avoit trente mille hommes en suite,
L'autre seulement dix encor prirent la fuite,
Sinon les Bannerets qui tosiors tinrent bon,
Et donnerent victoire à Gurnaut Vrfaon.

Onc ne fut un miracle tel,
Que du preux Gurnaut gent & bel,
Quand, ô les seules banneries
Fist foüir tant gendermeries.

Advint un autre temps qu'étoit Allain Rebre,
Contre Judicaël forment moult accabré,
Por ly Royaume avoir que Normans accordérent,
Porce qu'en conflit mort Judicaël ruérent.

Alain Rebre suivant d'accord partie aprés
Sur Hasting se rua, ô tous les Bannerets,
Si bien & si à temps que ce grand ost desfirent,
Et puis couronner Duc de Bretagne le firent.

Aprés cettuy Alain furent deux faineans,
Qui rien l'un auprés l'autre ne valurent leans,
Et porce les Danois vinrent sur celle affaire,
O les preux Bannerets n'eurent pas pou à faire.

Portant ses bannerains forcé de courre sus
A ses Danois Normans en eurent le dessus,
Mais sy y vint Rollo qui bien eut sa revange,
Mettant tout à la mort, ou bien en terre
    étrange.

Rollo pour des treus prétendus
Qu'on ne luy avoit mie rendus,
Li vint & envahit Bretagne,
O une cruauté étragne,
Il renversa villes & forts,
Fist tout mourir ou yessir hors,
Bretagne tant hommes que femmes,
O des vilenies infames.

Il n'y eut en Bretagne autre que bannerains,
Ni Prince, ni Seigneur, qui y missent les
    mains,
Et tant qu'ilec y eut de villes en yestance,
Ils tinrent bon dedans, & y firent resistance.

Si par monts & par vaux fut le pays assailly,
Et hors let bannerets tos orent cœur failly,
Si que tout leur salut étoit fouir grand erre,
A qui premier seroit passé en Angleterre.

Ils furent les derrains de Bretagne à yessir,
Et tant que fut pouer à eux de s'agencir,
Si tinrent bon, mais quand ne porent plus ses-
    peautres,
Tos m'aurés & recreus ils suivirent les autres.

                        Ainsi

Ainsi fut à ce Roy Bretagne en tous Itans
Par ce cruel Rollo deserte d'habitans,
Puis au bout de cinq ans fortune mieux proſpere,
Fit ſourdre un jeune Alain qui remiſt tot en aire,

Icel jeune Alain élevé
De ſang royal comme eſt trouvé
Emprunta nefs en Angleterre
Por retorner en ſienne terre,
O quand, ô ſa gent fuſt venu,
Il fiſt preſt ſur gras & menu.

Vn Prince Banneret qui ſe clamoit Gouyon
Conduiſit celle claſſe au port de Matignon,
Où arrivé que fut, il deſcendit ſans faille,
Et miſt grands & petits en ordre de bataille,

Vn Chevalier illec étoit,
Qui le nom de Gouyon portoit,
Bel & gent en toute manière,
Et qui étoit chief de banniére,
Icel comme ſage & expert
Conduiſit tot l'oſt comme appert,
Par un livre de bannerie
Fait ſans fraude & ſans truſſerie,
Où étoit ſon bien & pouer
Pour plus ſeureté y trover,
Ainſi comme la ſegnorié
De Matignon ſans jenglerie
Qu'étoit moult haute baronnie,
Appartenante à bannerie.

R

Auquel païs ars & demolly
Cuidoient bien ne trouver nully,
Qui pust opposition mettre
A ce que vouloient entremettre,
Qu'étoit sans crainte ni dangiers
Nettir Bretagne d'étrangers.
Et pour ce tot le prime à terre,
Fut ô bande sans plus enquerre,
Cil Gouyon qui deſa & là
Occiſoit tout sans dire hola,
Cette gent Normande & Danoiſe
Qui tant leur avoit fait de noiſe.

Si advint qu'environ l'an neuf cens trente-six,
En Bretagne Normans Danois furent occis
Par habitans du Païs, & gens de toute sorte,
Aprés que paſſés mer furent sous Barbe-torte.

Ce nouvel Duc remiſt tous les Bannerets haut
Et leur donnit moyens & chevanſes que faut
Pour rebaſtir chatels & pour relever bandes,
Dont la pluſpart étoient à mort, ou à debandes.

Chacun comme tauſſa uſa de son ottroy,
Dont je ne me débats, ni ne m'en mets en émoy,
Sinon de cil Gouyon pour qui j'ay fait ce livre,
Dont moult ay de regret que ne puis l'acconsuivre.

En luy donc finiray celle translation,
Que pour luy seul je mets en compilation,
D'un plus large Traitié touchant les banneries,
Qui de Bretagne sont les primes baronnies.

Et eſt dans par ou ce beau Livre
De Bannerets ſans plus en ſuivre,
Declame de Bretagne & d'eux
Qu'ont eſté grans & valeureux,
Et qui pour défendre patrie
N'ont jamais refuſé partie,
Et eſt ce beau Livre en Latin,
Que moy Prior de ſaint Aubin,
Jadis de la fondation
Des Ayeux d'iceluy Gouyon,
Frater Guillelmus, dit l'Amant,
Ay tranſlaté par le eommand
De Dame Jeanne de Bretagne,
De Bertran Gouyon la compagne,
Et fut mil deux cent quatre vingt,
Que de tranſlater ce m'avint,
Mais porce que moult volontiers,
Dire voudroye endementiers,
Que ſuis ſur tant noble matiere,
De Gouyon ſuite plus entiére,
Sachent tant grands comme petits
Que les ſuccedans & natifs
De tant noble & preux perſonnage
N'ont pris en leur race & lignage,
Dempuis autre nom que Gouyon
Qui eſt tant noble & d'achoiſon
Qu'encore aujourd'huy ceux qui vivent
Cette meſme volonté ſuivent,
Et eſt par où finit ce Livre,
Ou abregié que je delivre,
A celle Dame l'an ſuſdit.

Q ij

Ainsi comme dessus est dit.
Le septiéme Juin & quand l'ame
De celle bonne & gente Dame
Yssira de son noble corps,
Jesus luy soit misericors.
        Amen.

Ce Livre cy fut fait & translaté jadis
Par un Moine qui fut de bons propos & dits,
Aujourd'huy autre Moine en plus duisant lan-
        gage,
La mis de prose en vers, Diex luy doint bon usage.
Et ce fut l'an que chacun sçait,
Mil trois cens soixante & dix-sept:
Requeste d'autre Dame gente
A moult bien faire diligente,
Plaise à elle agréér ce don,
Et à Diex nous faire pardon.

Ce Manuscrit de mesme que celuy du Traité
de Chevalerie est à Torigny, entre les mains
de Madame de Matignon, qui m'a fait l'honneur de me les communiquer. J'ay crû, qu'elle
ne trouveroit pas mauvais, que je continuasse
d'enrichir de ses tresors la Republique des
Lettres, & que je publiasse en mesme temps
la gloire de son illustre Maison, & le ressenti-
ment que j'ay de ses extrémes bontés,
Ne les pouvant payer, du moins il les faut dire.

Soûpirs à Dieu, dans l'apprehension d'une douleur nephretique.

SEigneur, tu sçais l'effroy dont mon ame
   est atteinte :
Toy qui m'as soûtenu contre les durs assauts
De cent perils mortels , & d'incurables
   maux ,
Tu me soûtiendras bien contre une simple
   crainte.

Fiat voluntas tua.

Non point ce que je veux , mais
   ce que tu veux , ô mon Dieu.

Insomnis suspiria , ad Deum Optimum Maximum.

EPIGRAMMA.

UT solus Vitæ & Mortis , sic tu quoque
   claves
Et Vigili & Somni, tu geris, alme Deus.

Ad tua verba quies data fluctibus ; & datur
    Ægris
  Quos Boreas, & quos febris anhela quatit.

****

ALIVD.

Sit nox cum somno, sit sine lite dies.

FElices, quibus ista licent! da munere tanto,
  Da Pater alme frui. Non immemor ora
    resolvam
In laudes grata ora tuas ; te pectore toto
Usque colam ; appendámque tuis donaria
    templis :
Floribus & miscens suasura papavera somnos,
Purpureis sacras conspergam floribus aras.

****

ALIVD.

NOn semper lacrymæ Miseris funduntur
  inanes,
Irrita nec tenues vanescunt vota per auras.
Est Deus, has lacrymas vasis qui condit in
  aureis ;
Est Deus, hæc facili pia qui vota excipit aure.
Post tenebras lux alma micat. Post nubila
  & imbres,
Blanda serenati ridet clementia Cœli.

Poſt Hyemes duras, gratâ vice Veris amœni
Temperies regnat. Côpleċtar ut omnia verbo;
Poſt longas placido ſomni ſiñe munere noċtes,
Afflictos tandem bonus ah! Sopor, aſpicic
    Ægros;
Utque det optatam per languida membra
    quietem,
In Miſeros ſpargit pretioſa papavera; Princeps
Miſſilia in miſerâ ceu ſpargit munera plebem.

****

Ad Somnum.

SOmne *quies rerum, placidiſſime ſomne*
   Deorum,
   Arbitrij noſtra eſt vitaque mórſque tui.
Nam quæ febris edax languentes conficit
   artus,
   Te fugiente venit, te veniente fugit.

****

A L I V D.

Ut ſibi opes veniant, veniant & cætera Sortis
   Dona, petant alij; tu mihi, Somne, veni.

****

A L I V D.

Nempe quod eſt reliquis lux alma coloribus;
   illud
   Tu certè es reliquis, ô bone Somne, Bonis.

****

In Illustrißimæ Iulia
OBITVM.

JULIA, quæ Proavis clara & virtutibus,
    Aulæ
  Grande decus Francæ deliciumque fuit.
JULIA, quæ magnâ Artenice digniſſima proles,
  MONTOSIDE & magno digna marita viro.
JULIA, Delphini quæ quondam dulcis alumna,
  Et TERESÆ aſſedit quæ modò prima comes.
Nomîna tot jactans, heu! nil niſi nomen
    inane
  JULIA, nunc tantùm eſt pulvis & umbra
    levis.

FINIS.

www.ingramcontent.com/pod-product-compliance
Ingram Content Group UK Ltd.
Pitfield, Milton Keynes, MK11 3LW, UK
UKHW021518090726
13657UKWH00001B/313